M. LAROCHE P. S. S.

UN

SCULPTEUR RELIGIEUX

Henri Bouriché (1826-1906)

Prix : 3 Fr. 2 Fr. 50 franco

MAISON D'ÉDITION
J. SIRAUDEAU, Imprimeur-Éditeur
ANGERS

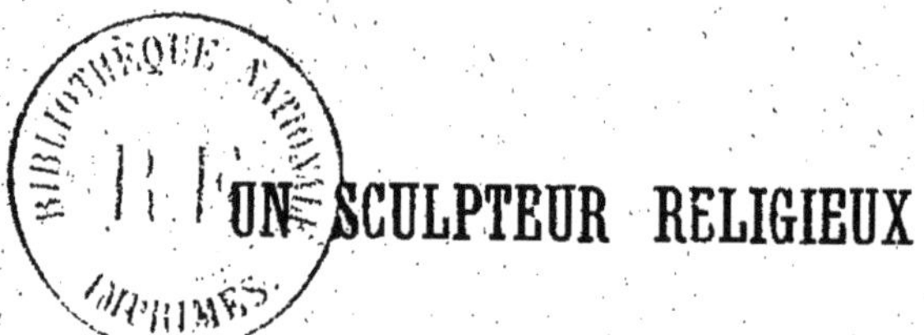

UN SCULPTEUR RELIGIEUX

HENRI BOURICHE

M. LAROCHE P. S. S.

UN
SCULPTEUR RELIGIEUX

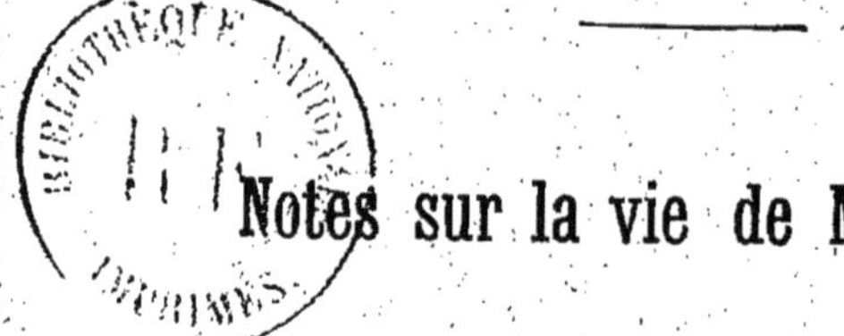

Notes sur la vie de M. Bouriché

(1826-1906)

ANGERS
J. SIRAUDEAU, Éditeur
1907

et vous désirez que je contribue pour ma part à la sauver de l'oubli.

Notre ami n'avait pas ce souci de se survivre dans la mémoire des hommes : sa pensée allait plus haut. Ne semblerait-il pas plutôt qu'il a tout fait pour empêcher que tout bruit se fît, même de son vivant, autour de son nom ?

Ce serait un malheur pour moi, s'il apprenait que je cherche à faire revivre dans ma pensée ce que je sais de lui pour le dire : j'y perdrais son amitié, un trésor qui m'est très cher.

Je le ferai pourtant et je vous obéirai, Monsieur le Supérieur. Ces notes, vous ne les communiquerez à personne avant la mort de Bouriché ; et, comme je partirai avant lui, nous nous arrangerons facilement dans l'autre monde.

Mais il est bien entendu que ce n'est point une vie que je me propose d'écrire : cela serait au dessus de mes moyens et de mes forces. Je ne parlerai même que très

CHEMIN DE CROIX, DE BOURICHÉ, 1re STATION

peu des œuvres de l'artiste : je n'en aurais guère le droit, et, d'ailleurs, mes jugements seraient tenus pour non avenus.

Ce que je voudrais vous raconter, ce sont mes souvenirs personnels : ce que j'ai vu en M. Bouriché, et ce qu'il m'a dit de lui-même dans ces conversations longues et fréquentes que nous avions, le plus souvent le dimanche, au Séminaire d'Angers, et aussi dans les ateliers de l'artiste.

Il me sera bien doux de revenir sur ce passé : cela me fera l'illusion d'un bonheur qui est maintenant le vôtre, de vivre encore dans cet aimable pays d'Anjou.

Avant de commencer, il est à propos peut-être que je vous dise comment j'ai fait la connaissance de M. Bouriché. A la fin de septembre 1860, je fus envoyé d'Issy au séminaire d'Angers. A la même époque M. Bouriché y venait de Paris. On achevait alors les travaux de restauration de la maison de philosophie. C'était comme une construction nouvelle. Ce qui le fut vraiment, c'est la salle destinée à la bibliothèque : salle superbe avec ses trois étages environnés de galeries auxquelles conduit un escalier gracieux qui se cache dans un coin et laisse libre la vue de tout l'ensemble. Le rez-de-chaussée n'avait pour tout ornement, qu'une table garnie d'un tapis. Il fallait autre chose dans ce grand vide.

La piété de M. Houbart lui inspira un beau projet : il voulut placer là une grande statue de la Sainte Vierge qui serait la Reine des sciences et présiderait aux études.

Pour M. Houbart, comme pour tous les prêtres de nos pays, en ce temps-là, un seul artiste était capable de faire aussi bien qu'il désirait : c'était M. Barrême. Il me chargea d'aller m'entendre avec lui pour l'exécution de l'œuvre.

Quand je me présentai, je pus à peine faire mes salutations : comprenant que je venais lui demander quelque travail, M. Barrême me reçut assez peu courtoisement : « Que me voulez-vous ? me dit-il, je ne travaille plus. Allez trouver M. Henri, mon élève, il vous fera ce que vous désirez. Il demeure rue de la Madeleine. »

La conversation était finie. J'aurais bien un petit article à faire sur M. Barrême, mais ce n'est pas le lieu. J'y reviendrai peut-être.

M. Houbart fut surpris et contrarié de mon échec. Son premier mouvement fut d'abandonner son projet. « Qu'est ce M. Henri ? dit-il, un inconnu, un élève ! Il nous faut le maître, ou bien rien ne sera fait. »

Je n'osais trop répliquer. Je fis observer, pourtant, qu'il était facile d'aller à la rue de la Madeleine, et de voir si on pourrait mettre sa confiance en M. Henri. M. Houbart me permit de faire la démarche, bien persuadé qu'elle serait inutile.

Le lendemain j'allais tout le long de la rue de la Madeleine, cherchant si je trouverais l'atelier d'un sculpteur.

La course fut longue. Quand je fus arrivé près de la maison de la Retraite, je vis, de l'autre côté de la rue, à travers une porte cochère, un homme qui me parut s'occuper de quelque chose ressemblant au moulage d'une statue. Cet homme me fit peur : son costume singulier, son épaisse et abondante chevelure, sa très longue barbe négligée, sa grande figure rouge aux traits fortement accentués, tout cela me fit une fâcheuse impression et je fus sur le point de tourner le dos.

A ce moment même fut enlevée l'enveloppe de terre qui contenait la statue et l'œuvre apparut. Je m'avançai. L'œuvre me sembla très belle. C'était un Saint Joseph appuyé sur un genou, incliné, les mains jointes, dans l'attitude et l'expression d'une adoration profonde. « Où placerez-vous cette statue ? » demandai-je timidement. — Elle doit faire partie, me dit-il, d'un groupe de la Nativité de Notre-Seigneur. M. Barrême a fait la statue de la Vierge : la fatigue l'empêchant de continuer, il m'a chargé du reste. — Où devez-vous l'envoyer ? — Oh ! c'est pour un petit pays que vous ne connaissez pas. Il s'appelle Saint-Lumine de Clisson. — Pardon : je le connais un peu. Je le connais comme mon pays natal, où j'ai grandi, où je vais tous les ans passer mes vacances. »

Une vive joie se répandit sur son visage. Nous causons librement et longtemps. Je lui parlai de la Reine des sciences et de ce qu'il faudrait exprimer. A mesure que je parlais, son visage s'éclairait ; la pensée y brillait ; il paraissait heureux. Je lui demandai s'il voudrait traiter ce sujet et traduire cette pensée. « J'essayerai, dit-il, mais j'aurai besoin de vos conseils. »

En même temps que son talent, son âme aussi s'était révélée et, ce jour-là, commença entre nous une amitié qui ne s'est jamais refroidie.

Rentré au Séminaire, je promis à M. Houbart que M. Henri Bouriché ferait mieux que M. Barrême l'œuvre qu'il désirait. Il se montra d'abord incrédule ; puis bientôt il me dit : « Eh bien, allez, mais vous aurez toute la responsabilité de l'entreprise. »

L'artiste se mit aussitôt à nos ordres. Nous allions de temps en temps, M. Ruchaud et moi, visiter le modèle. Nos remarques étaient toujours bien accueillies ; et toutes les modifications et retouches que nous demandions étaient faites. Enfin le modèle fut achevé. Il nous parut très beau. Peu après fut installée dans la belle bibliothèque la magnifique statue qui fait l'admiration de tout le monde : « La plus belle œuvre de tout l'Ouest » disaient, en la voyant, deux statuaires parisiens. M. Houbart était content de l'œuvre ; il aima l'ouvrier si simple et si bon. M. Bouriché avait fait son entrée au Séminaire. Combien de fois il y est revenu !

I

L'ENFANT

Henri Bouriché est né, le 10 du mois d'août 1826, à Chemellier, canton de Gennes, dans le Saumurois.

Chemellier est une commune de cinq à six cents habitants qui ne se recommande, je crois, par rien de remarquable. Dans ce petit pays, la famille de notre ami était une des plus petites. Elle habitait une de ces grottes, creusées dans le tuffeau, comme on en voit encore au pied des collines de la Touraine et du Saumurois. Une porte et une fenêtre donnant un peu de jour dans l'intérieur ; au dessus, au milieu d'un champ ou d'un jardin, émerge une cheminée. Rien de plus primitif et de plus simple.

Les parents de Henri Bouriché habitaient une de ces demeures au lieu dit le Petit-Cigogne, à la porte de la bourgade. C'est là qu'il est né, là qu'il a passé ses premiers ans avec son père, sa mère et une sœur un peu plus jeune que lui. Ses parents étaient pauvres, et l'un et l'autre de très chétive santé. Aussi la vie était dure et précaire dans la maisonnette et, malgré la plus attentive économie, on y manquait quelquefois du nécessaire.

M. Bouriché me fit cette confidence, un jour qu'il me parlait avec grande effusion de cœur des faveurs qu'il avait reçues de la divine Bonté : « Moi, disait-il, moi, comment pourrais-je me plaindre, étant ce que je suis, ayant ce que j'ai ? Croiriez-vous que, dans mon enfance, j'ai dû mendier ! Oui, j'ai tendu la main pour avoir un morceau de pain. » Une autre fois il me racontait qu'il se rendait toujours, avec les pauvres, aux données de pain que font, à la mort de quelqu'un de leurs membres, les familles les plus aisées. Cette aumône était annoncée le dimanche au prône de la grand'messe et, au jour indiqué, la distribution se faisait chez le boulanger. C'était du pain blanc que l'on donnait. L'enfant était heureux de l'aller chercher et de l'offrir à sa mère que fatiguait le pain noir dont se nourrissait le ménage.

Pour lui, jamais aucune de ces friandises dont les enfants sont avides. « Le dimanche, me disait-il, en sortant de la messe, je voyais, dans la saison, de beaux marrons grillés ; ils me faisaient grande envie et j'aurais bien voulu avoir un sou pour en acheter ou pour tenter la chance d'avoir la fève en cassant une fouace avec mes camarades ».

Ce petit sou, il ne l'avait pas. Il était cependant tendrement aimé ; mais la nécessité commandait cette étroite parcimonie. « S'il nous arrivait, disait-il, d'avoir une pièce de cent sous dans notre armoire, nous regardions cela comme une fortune.»

De bonne heure, on le conçoit, il dut mettre ce qu'il avait de force au service de ses parents.

Il le fit avec grande joie et grand courage.

« J'ai toujours aimé le travail, disait-il, et je m'y suis mis bien jeune. J'avais cinq ans quand mon père me procura une petite *bêche*. Je la reçus avec bonheur et fierté. Je fus alors institué vigneron d'une toute petite vigne qui était auprès de notre maison. Avec quel soin je la cultivais ! Je la tenais parfaitement propre et personne n'aurait pu y découvrir le moindre brin d'herbe ». Dès lors il commença de conduire dans le champ la vache et les deux moutons qui faisaient tout le troupeau de la famille.

Vers l'âge de huit ans, il alla à Grézillé, village voisin, pour remplir les mêmes fonctions de berger auprès de sa marraine.

Il entrait là dans une famille de cultivateurs que l'on regardait dans le pays comme de riches propriétaires. Sa mère avait été, avant son mariage, domestique dans cette maison. Elle y revenait souvent quand elle fut à son ménage ; et les relations, des deux côtés, demeurèrent excellentes. A la naissance de son premier enfant, elle voulut que son ancienne maîtresse fût la marraine. Henri fut donc bien reçu dans cette bonne famille : on l'y aima et on le traita avec une affection toute paternelle. Ce qui lui est resté comme souvenir le plus vivant de Grézillé, c'est qu'il allait tous les matins conduire dans les bois cinq ou six chevaux et qu'il les ramenait au logis aux heures qu'on lui avait indiquées. Il avait quelque raison de ne pas oublier ses chevaux, comme on le verra plus loin.

Ce n'était pas sa seule occupation : il avait aussi à veiller à la garde des autres animaux de ses maîtres ; et pendant la plus grande partie de ses journées, il était seul dans les champs.

Cette solitude ne devait point lui être pénible ; il aimait à être seul, non par humeur chagrine et éloignement des hommes : mais cette âme réfléchie, attentive à tout et curieuse de problèmes, s'était éveillée de bonne heure et avait su se créer de belles occupations qui charmaient ses longs loisirs.

Plus tard, dans l'isolement qu'aura fait autour de lui une cécité presque complète, il pourra dire : « Jamais je ne m'ennuie ». Il est bien probable que, dans cet âge tendre, il ne s'ennuyait non plus jamais. Il avait une âme d'artiste : c'était assez pour remplir sa vie.

C'est spontanément et de lui-même que l'art s'est révélé à lui. Rien, dans son entourage, n'était de nature à exciter l'inspiration : pas le plus petit monument dans la bourgade ; pas un site, dans la campagne pauvre et monotone, qui pût lui donner l'idée de ce qui est beau ; et cependant, dès lors, ses amusements étaient des tentatives et des essais d'artiste.

Dans tout ce pays, se trouvent des carrières de tuffeau, pierre blanche et très tendre. L'enfant, avec son petit couteau et un morceau de cette pierre, s'exerçait à faire un arbre, un mouton, un cheval ou quelque autre animal dont il avait le modèle sous les yeux.

Un jour, ce fut un chasseur qui vint avec son chien battre ses champs ; aussitôt il se met à l'œuvre et, avec une pierre plus grande et le petit couteau, il se donne le groupe du chasseur et de son chien.

Mais c'est à un de ses chevaux qu'il dut de faire une découverte très intéressante. Effrayé par je ne sais quoi, l'animal arriva dans sa course folle près d'une barrière très élevée et la franchit d'un bond. Ce qui frappa l'enfant, ce ne fut pas le malheur qui aurait pu arriver à son cheval ; il ne sut qu'en admirer l'audace, la vigueur et le bel élan. « Oh ! Si je pouvais représenter cela ! » se disait-il.

Le tuffeau ne lui parut pas un moyen suffisant.

Il pensa aussitôt à la terre glaise, qui se trouvait, çà et là, assez abondante dans ses champs, et, sans que personne lui eût appris l'usage qu'en font les sculpteurs, il se demanda si elle ne pourrait pas lui être utile pour ses travaux d'art. Il essaya la terre glaise ; il la trouva très docile et bientôt il eut la joie de contempler son cheval bondissant par dessus la barrière.

Il avait donc à son service le tuffeau et la terre glaise. Il avait aussi le bois. C'est même sur le bois qu'il s'exerçait le plus ; et ce qui le décidera plus tard à apprendre le métier de charron, c'est le souvenir des bons moments qu'il avait passés dans son enfance à sculpter le bois.

Malheureusement, rien n'est resté de toutes les œuvres de cet enfant, rien, sauf un dessin qui vient d'être découvert en cette année 1902, au fond d'une armoire, dans la maison de sa marraine. Cette fois, c'est au crayon qu'il a recours. Sa marraine était assise à sa porte entre son mari et son fils. Le groupe était joli. Henri prend une feuille de papier, un crayon, il travaille et fait de son mieux. Puis il remet gracieusement son « *beau tableau.* » Après bientôt 70 ans, il a été découvert. On en a instruit M. Bouriché, mais je ne crois pas qu'il ait eu la curiosité de le revoir.

A Chemellier s'est gardée la tradition que, dès son enfance, il avait ces goûts et se livrait à ces occupations de petit sculpteur. Il aimait de son côté à revenir sur ce passé si paisible et si heureux, et il m'était facile de lui faire raconter ses petites histoires ; avec moi, il pensait tout haut. Je ne crois faire aucun mal en révélant ces secrets et les autres qui me viendront à la mémoire. Il n'est plus de ce monde et il n'aura point à rougir de ce que j'ai dit. Et le bon Dieu n'en est pas offensé.

II

L'ENFANT ET LE PETIT DOMESTIQUE

Ce que je viens d'écrire ressemblerait assez peut-être à la préface d'une vie d'artiste : le temps est loin, pourtant, où nous toucherons à l'art et notre enfant ne l'entrevoit même pas. Et puis ce n'est point une vie d'artiste que j'ai à raconter. Il faudra bien, sans doute, que je parle de l'artiste, mais, je l'ai dit déjà, ce ne sera point pour faire l'étude et la critique de ses œuvres. C'est l'homme dans l'artiste ; c'est son âme si bonne et si chrétienne que je voudrais montrer. Plusieurs traits, déjà, se dessinent d'une figure douce et sympathique. Si je pouvais achever le portrait et le faire voir tel qu'il m'apparaît, il plairait, j'espère, à ceux qui aiment à se rencontrer avec un homme de nature franche et de caractère très élevé.

A l'âge d'environ neuf ans, Henri Bouriché revint de Grézillé, dans sa famille, sans doute pour aider son père à cultiver ses champs. Si, à cinq ans, il cultivait si bien sa vigne, il devait pouvoir maintenant supporter un travail un peu plus fort. Il aurait fallu aussi aller à l'école ; mais l'école, il ne la connut guère ; toutes ses classes furent faites en six mois. Je reviendrai plus tard à ce sujet.

Son instruction religieuse ne fut ni si négligée ni si tronquée. Il eut sa mère pour première institutrice et il lui a rendu le témoignage qu'elle s'est acquittée de sa fonction avec grand zèle et grande affection. Elle était très pieuse. Si elle n'avait point d'autre richesse que sa piété, elle fit au moins tout ce qu'elle put pour enri-

COTÉ DROIT

COTÉ GAUCHE

GALERIE DE BOURICHÉ (SUD)

chir son enfant de ce trésor, à ses yeux, le plus précieux de tous. « Oh ! ma mère, me disait-il, comme elle m'a aimé ! Avec quelle attention elle a veillé sur moi ! Je l'ai aimée aussi tendrement. Je lui dois tout ! Je lui dois tout ! » De son côté, son père joignait aux bons conseils qu'il donnait à son fils les exemples d'une vie très régulière et très chrétienne. M. Bouriché regardait comme le plus grand bonheur de sa vie d'avoir été élevé par de si bons parents.

Leur vœu commun eût été de vivre toujours ensemble ; mais la pauvreté a de très dures nécessités. Henri dut quitter bientôt le foyer de la famille pour aller chercher chez des étrangers les moyens de vivre. Il entra chez un bon prêtre des environs : chez M. Rhodier, curé de Blaison.

Fut-il signalé à son voisin par M. le curé de Chemellier ? Cela paraît bien probable. C'était la charité, sans doute, plus que les services qu'il pouvait rendre, qui lui ouvrit les portes du presbytère de Blaison ; il fut reçu pourtant à titre de petit domestique et il avait l'obligation de s'employer aux choses qui lui seraient commandées.

M. le curé avait aussi ses obligations envers son petit domestique qui n'avait pas encore fait sa première communion. Il l'instruisit et le prépara avec soin. L'enfant se disposa tout de son mieux et fit avec tant de religion et de piété cet acte si solennel et si touchant, qu'il en garda toute sa vie un très doux souvenir. Il avait alors à peu près onze ans.

Un petit fait qui arriva peu après montre bien quelle pureté de conscience il croyait nécessaire pour communier. M. le curé élevait de jeunes faisans. Un jour qu'il allait partir pour ne revenir que dans la soirée, il recommanda à Henri d'en avoir soin, surtout de leur donner à boire. On était alors dans les grandes chaleurs de l'été. A son retour, il trouva ses oiseaux mourant de soif : la commission avait été oubliée. Il se fâcha et gronda sévèrement son petit domestique. Le pauvre enfant qui jamais peut-être n'avait été grondé ne savait où se cacher. Bientôt le bon curé se calma et, d'un ton tout radouci, il lui dit : « Je vais à Saint-Saturnin ; je ne serai pas longtemps. » L'enfant se dit en lui-même : « Oh ! je sais pourquoi M. le curé va à Saint-Saturnin ; il va trouver son confesseur. Il s'est fâché et il n'aurait pas pu dire la sainte messe avec ce péché sur le cœur. » Il n'aurait donc pas voulu, lui non plus, sans se confesser, communier avec la conscience tachée de la moindre faute. C'était un scrupule, mais combien respectable chez un enfant !

Il demeura deux ou trois ans chez M. le curé de Blaison, c'est-à-dire jusqu'à l'âge de treize à quatorze ans. Avec l'âge, les forces venaient tous les jours ; M. le curé n'avait plus besoin d'un si grand jeune homme. Lui, de son côté, pouvait probablement prétendre à de meilleurs profits. Ils se quittèrent de bon accord et Henri

Bouriché entra dans un autre presbytère, à Saint-Aubin-des-Ponts-de-Cé.

Le curé de Saint-Aubin était M. Ferrand, prêtre excellent, de franc caractère et de grand cœur. Il aima cet enfant qui, à cet âge, devait être gracieux et très aimable.

Il se fit dès lors son protecteur ; et cette protection, il la lui continua jusqu'à la fin de sa vie.

De son côté, le jeune Bouriché s'attacha à son maître, le servit avec une fidélité attentive et respectueuse, et s'appuya sur lui avec toute la confiance d'un enfant pour son père. Il avait besoin de cet appui : car c'est en ce temps qu'il devint orphelin. « Mon pauvre père, me disait-il, je le perdis alors. Combien cela fut triste chez nous ! » En travaillant, il se fit à la main une piqûre d'épine vénéneuse. La main enfin et puis le bras. Le mal devint tel qu'il dut aller à l'hôpital d'Angers demander le secours des médecins. Là il lui fut déclaré que, s'il voulait avoir la vie sauve, il était nécessaire qu'il se laissât couper le bras. « A quoi bon la vie sauve, dit-il, si vous m'ôtez le moyen de vivre ? » Il revint à Chemellier et mourut très chrétiennement au bout de deux jours.

Sa mère mourut bientôt après, sans que je sache au juste à quelle époque. Elle avait souffert toute sa vie des suites d'un accident singulier qui lui était arrivé lorsqu'elle était domestique à Grézillé. Un jour qu'elle était sortie, portant au bras l'enfant de sa maîtresse, elle le laissa tomber dans une sorte de précipice creusé dans une carrière de tuffeau.

L'enfant n'eut aucun mal ; mais la pauvre jeune fille épouvantée tomba en proie à une si violente crise de nerfs qu'elle ne s'en guérit jamais bien. Elle fut toujours souffrante et très faible. Elle mourut jeune, peu après son mari.

Henri restait seul avec sa sœur. Il se crut dès lors obligé de se faire son protecteur. Je dirai ce qu'il a fait pour elle.

Il ne séjourna que peu de temps aux Ponts-de-Cé. M. Ferrand fut bientôt transféré à la belle et grande paroisse de Beaufort-en-Vallée. Il voulut emmener avec lui son domestique. Celui-ci ne demandait pas mieux que de suivre son maître à Beaufort. S'il s'était trouvé déjà bien occupé aux Ponts-de-Cé, il le fut beaucoup plus à Beaufort, soit à cause du personnel plus nombreux qui résidait dans la maison, soit à cause des fréquentes visites qu'attirait l'aimable hospitalité de M. Ferrand. Le jeune domestique remplissait tous ses devoirs et s'acquittait de fonctions très variées à la satisfaction de tout le monde, de M. le Curé surtout.

Il resta dans cette position pendant trois ans. Mais, encore qu'il s'y trouvât heureux, quelque chose lui disait qu'il ne devait pas rester toujours dans cette condition de domestique. Enfant, il s'était exercé à sculpter à sa manière quelques

LA MORT DE SAINT JOSEPH, DE BOURICHÉ

morceaux de bois dans les forêts de Grézillé : un agréable souvenir lui était resté de ces premiers essais, et il se sentait attiré vers l'état de charpentier ou de charron afin de pouvoir travailler le bois.

Mais il n'osait s'ouvrir de son désir à M. le Curé. Comment prendrait-il la pensée qu'il avait de le quitter ? Et, de sa part, n'était-ce pas une coupable ingratitude ? Est-ce ainsi qu'il reconnaîtrait la bonté dont il avait été toujours environné ? Il était perplexe et ne pouvait se décider à parler. Un jour cependant, plus par son air embarrassé que par ses paroles, il fit comprendre qu'il désirait quelque chose. M. Ferrand qui, de son côté, se préoccupait de l'avenir de son jeune homme et devinait sa pensée, lui dit rondement : « Voyons, Henri, qu'est-ce que tu veux faire ? — Je voudrais, répondit-il, apprendre un état. — Tu as raison : le temps est venu. A quel état veux-tu aller ? — Je voudrais être charpentier ou charron. —

Très bien, charpentier ou charron, ce qui te conviendra le mieux. Il faut chercher un patron ».

Henri Bouriché avait alors 17 ans. 17 ans plus tard, M. le Curé de Beaufort était chanoine de la cathédrale d'Angers et M. Bouriché, après dix ans d'absence, revenait aussi à Angers. Il revenait de Paris après de longues études et de beaux succès. Les relations, non pas interrompues, mais devenues assez rares, se reprirent et durèrent jusqu'à la mort de M. Ferrand. Le sculpteur était toujours le protégé et comme l'enfant de son ancien maître.

III

L'OUVRIER CHARRON

Jusqu'à ce moment, notre jeune ami, quoi qu'il ait eu ses peines et ses deuils, n'a pourtant rencontré partout que bienveillance et dévouement. Il s'imaginait peut-être qu'il en serait toujours ainsi. Une courte expérience suffit à le détromper.

Pour avoir passé quelquefois devant la porte d'un maître-charron, il crut le connaître assez pour aller de confiance s'offrir à lui. Le patron qui avait besoin d'un apprenti l'accepta. Il fut convenu que Henri Bouriché donnerait dix-huit mois de son temps.

L'apprenti s'aperçut bientôt qu'il connaissait mal l'homme avec lequel il venait de s'engager pour de si longs mois. C'était un homme sec, avare et très exigeant. On lui fit la vie très dure : il ne travaillait jamais assez et mangeait toujours trop. On allait jusqu'à lui reprocher sa nourriture ; le pauvre jeune homme était obligé de sortir de table avec la faim et de jeûner. Était-ce sa faute à cet âge, d'avoir de l'appétit, surtout après un long et rude travail ? On voulut même lui interdire une petite compensation très innocente qu'il se donnait à ses frais. Elle consistait à aller le dimanche, avec quelques bons enfants, ses camarades, se régaler d'un peu de lait que leur vendait quelque fermière de la campagne.

Que pouvait avoir à dire à cela le maussade patron ? Il inventa ceci : son apprenti ne faisait ses parties du dimanche que pour mal parler de lui et de sa maisonnée ! La mauvaise conscience conçoit de bien mauvais soupçons !...

Dès le matin qui suivit le dernier jour

du dix-huitième mois, l'apprentissage étant fini, l'ouvrier charron vint à Angers et, tout de suite, alla frapper à la porte de la *mère* des ouvriers de son état. Il demanda si une place s'offrait quelque part. « Oui, dit-elle, à l'instant même, je « reçois une lettre de la Flèche : on a « besoin d'un charron en telle rue, à tel « numéro. Voulez-vous y aller ? »

Le soir même, Henri Bouriché y était assis à la table du patron, en compagnie de sa femme et d'un fils âgé d'une quinzaine d'années. La première impression fut bonne. Il fut honnêtement traité et les trois personnes qui composaient la famille lui parurent être d'humeur accommodante et bien élevées. Il se félicitait d'avoir si bien trouvé. Après le repas, on l'invita à aller se reposer des fatigues du voyage. En partant, il s'aperçut que l'on retirait quelques volumes d'une armoire et que l'on allait se mettre à la lecture.

Le lendemain, le patron le conduisit à

l'atelier, lui fit voir toutes choses et lui tailla sa besogne. Puis il le quitta, en lui indiquant l'heure du repas. A l'heure dite, Bouriché vint à la maison. Il ne fut pas peu surpris de voir, à onze heures du matin, nos trois personnes assises non à la table du déjeûner mais à une table de lecture. Elles paraissaient absorbées.

Chose invraisemblable ! Dans cette famille d'artisans, on n'avait, pour ainsi dire, que le goût et l'occupation de lire. L'ouvrier n'aurait eu rien à y voir s'il n'avait été obligé de faire le travail que ne faisait pas son maître. Mais il était seul et, malgré tous ses efforts, la besogne était au-dessus de ses forces. Les affaires languissaient, la boutique perdait. Avec cela, le patron, qui n'avait guère d'argent, payait mal son ouvrier. A son grand regret, Henri crut devoir se séparer de cette famille.

Il y avait à La Flèche un autre atelier de charron. Il alla se présenter et s'embaucha. Ici, tout change de face ; le patron est actif, ardent et infatigable travailleur. Cela convenait à notre jeune homme ; mais ce qui ne lui convenait pas du tout, c'est que le patron n'avait point de religion et jurait en diable. Pour lui, ni dimanches ni fêtes.

Heureusement il était libéral, et permettait à chacun de se conduire à sa guise. Henri Bouriché ne travaillait pas le dimanche ; il allait à la messe ; il se confessait, il communiait ; et le patron ne l'en estimait pas moins. Il l'aimait plutôt et avait toute confiance en lui. « Cet Angevin, disait-il, est un brave garçon. Je lui confierais tout ce que j'ai de plus précieux, ma bourse, ma femme et ma cave ».

Bouriché savait son état : il travaillait aussi bien que les meilleurs maîtres en charronnage. La pensée lui vint alors de monter un peu plus haut et de devenir carrossier. Il entra comme apprenti dans un atelier. Je ne sais si ce fut à La Flèche ou à Angers. L'art du charron touche à celui du carrossier : Bouriché se trouva donc tout de suite à son affaire.

Un jour, le patron le vit tout appliqué à considérer un ouvrier occupé à sculpter des feuilles de chêne. « En pourrais-tu faire autant ? lui dit-il. — Je ne sais pas ; mais, si vous le permettez, j'essaierai. — Eh bien, travaille ». En peu de temps les feuilles furent faites. Elles avaient un caractère, une vigueur, une élégance tels que le maître en fut dans l'admiration.

Notre jeune homme n'avait plus qu'un pas à faire avant d'arriver à la statuaire ; il le fit.

IV

CHEZ MM. CHOYER ET BARRÊME

Henri Bouriché était arrivé à l'âge d'environ vingt ans. Il avait si bien réussi dans tous ses essais qu'il pouvait en rester là, et attendre le temps et l'occasion favorable d'avoir lui-même sa maison et de devenir chef d'atelier. Mais d'instinct il aspirait à mieux et se sentait poussé en avant. Il ne pensait pas encore à la statuaire ; cela, en ce moment, lui eût paru une téméraire présomption. Mais, au dessous de la statuaire, il y a la sculpture d'ornement. Il y aspira : les feuilles de chêne du carrossier firent peut-être germer en lui cette idée et ce désir.

Or il y avait depuis peu, à Angers, un établissement qui répondait parfaitement à ce désir : deux artistes, MM. Choyer et Barrême, s'étaient associés pour fonder un grand atelier de sculpture religieuse. Je dirai quelques mots de chacun de ces deux personnages qui sont intéressants par des côtés divers : leur nom, il n'y a pas si longtemps très connu en Anjou, est peut-être déjà un peu oublié.

C'était une physionomie bien à part que celle de M. l'abbé Choyer. De nature vive et décidée, il se portait à tout avec une ardeur extrême. Combien de pensées et de projets agitaient son cerveau ! Avec cela, il était, dans ses idées, d'une ténacité invincible. Ce qu'il avait conçu, tout le monde devait l'admettre ; il n'était pas permis de voir et de juger autrement. Un doute, une objection excitaient sa verve, et alors les roulements de sa grosse voix se faisaient entendre, et vous n'entendiez guère que les roulements. Il voulait dire à la fois toutes ses paroles. Sa tenue, sa démarche, tous ses mouvements étaient d'un homme qui ne craint rien ni personne. Excellent prêtre, d'ailleurs, et homme très bon, généreux, dévoué, ami fidèle.

Il s'était épris d'une très honorable ambition, celle de travailler à la restauration de l'art chrétien. Il était allé, pour ses études artistiques, à Paris, dans un atelier très important où se faisaient des travaux de tout genre pour la décoration des églises. Je ne sais s'il y resta longtemps : le besoin d'agir et d'entreprendre par lui-même a bien pu lui faire croire trop tôt qu'il n'avait plus rien à apprendre. Il revint à Angers et se mit à l'œuvre.

Il s'établit d'abord près du petit séminaire Mongazon, dans cette maison de la rue du Colombier où naquit, plus tard, l'Ecole Saint-Aubin et qui est, depuis de longues années déjà, le Pensionnat Saint-Urbain.

Pour le dire tout de suite, l'association Choyer-Barrême ne dura pas bien longtemps. En 1848, les deux artistes se séparèrent. M. Barrême s'en alla et M. Choyer resta au Colombier.

Bien plus tard, je le trouve sur le quai des Carmes associé de M. Moisseron. Puis celui-ci se retira et fut remplacé par M. André lequel s'est transporté au Rond-Point des Magnolias.

Je serais fort en peine de dire ce que fut Bouriché à la maison du Colombier. Il s'y occupa de la sculpture d'ornement, puisqu'il y était entré dans ce dessein, et ce dut être sous la direction de M. Choyer, puisque M. Barrême ne s'occupait que de statuaire. Il travailla donc à tout ce qui fait le mobilier des églises et l'ornementation proprement dite : autels, stalles, chaires, confessionnaux, chapiteaux, consoles etc. Il eut sans doute sa part dans les immenses travaux qu'exigea l'immense et si célèbre chaire de l'abbé Choyer. Pauvre

M. Choyer ! Après de si grandes espérances, avoir une si grande déception !

Je supposerais que l'élève Bouriché, tout en respectant beaucoup la personne de son maître, a eu souvent bien de la peine à accepter ses corrections et à suivre ses conseils : le goût n'était pas le même chez l'un et chez l'autre.

Pendant qu'il poussait ses moulures et tournait ses volutes, l'ornemaniste voyait ce qui se passait autour de lui : M. Barrême était à ses statues, et quelques élèves pétrissaient la terre glaise et s'essayaient au modelage.

Alors sans doute lui revenait le souvenir du cheval et de la barrière de Grézillé. Ne pourrait-il pas, lui aussi, reprendre la glaise abandonnée depuis son enfance et tenter de se mettre au modelage ? Cette pensée, une fois entrée dans sa tête, n'en voulut plus sortir ; elle y fermentait, elle l'obsédait. Mais les objections étaient là aussi, nombreuses et déconcertantes ; les unes regardaient l'avenir, nous verrons comment il les résolut ; les autres étaient pour l'heure présente. La plus grave était celle-ci : M. Barrême seul pouvait être son maître ; mais M. Barrême, un si grand artiste, un homme si distingué, comment le recevrait-il ? Il se moquerait d'un ignorant, d'un paysan comme lui.

C'est peut-être ici le lieu de faire mieux connaître M. Barrême, dont Bouriché va devenir l'élève, dont il sera un jour le successeur.

M. Barrême était créole, originaire de la Martinique. Je lui ai entendu dire, plusieurs fois, que sa mère le mit au monde au milieu de l'Océan, comme elle venait en France pour aller s'établir à Nantes. C'est dans cette ville qu'il fut élevé. Il y fit ses études d'art et se forma à la sculpture. Je ne crois pas qu'il ait jamais travaillé à Paris. C'est tout ce que je puis dire de ses commencements.

V

CHEZ M. BARRÊME

M. Barrême s'installa d'abord à Ancenis, qui n'est qu'un tout petit théâtre. M. Boiteux, prêtre de Saint-Sulpice, directeur au grand séminaire de Nantes, avait appris à le connaître et à l'apprécier. Ils devinrent amis et, quand M. Boiteux passa de Nantes à Angers, il sut persuader à M. Barrême de venir l'y rejoindre. Il se trouva là en meilleure place pour réussir, non seulement parce que Angers est déjà une grande ville, mais encore et surtout parce que c'est un pays de goût très pur et très fin où les arts ont toujours été en grand honneur.

M. Barrême devait se plaire dans ce

milieu et, n'eût été sa petite voix flûtée, il avait de son côté tout ce qu'il faut pour plaire et se faire accepter.

Il était très bel homme, grand et bien fait ; son visage, régulier et frais comme celui d'un enfant, était resté sans rides jusque dans la vieillesse.

Il savait ses avantages et il les relevait autant qu'il le pouvait par la correction et le soin de sa tenue. Il se fit bientôt connaître à Angers et les portes de plusieurs salons lui furent ouvertes. Parce qu'il savait converser, il ne demandait pas mieux que d'y entrer, et il y entra peut-être trop facilement. Trop facilement, aussi, il s'accordait des distractions qui lui prenaient son temps et laissaient son travail en souffrance : ainsi, m'a-t-on raconté, parce qu'il était beau et bon cavalier, il montait souvent à cheval et passait quelques heures de la soirée en promenades dans les environs d'Angers.

On conçoit que notre timide et modeste

ouvrier ait hésité à aller s'offrir à un pareil personnage. Il l'avait vu, il est vrai, mais de loin, à l'atelier ; et M. Barrême n'avait fait aucune attention à lui ; il n'aurait pu dire qu'il était un des douze ou quinze jeunes gens qui se réunissaient au Colombier.

Henri Bouriché finit pourtant par s'enhardir et il vint frapper à la porte de l'artiste. « Qu'est-ce que tu désires, mon garçon ? lui demanda M. Barrême. — Monsieur, je voudrais être sculpteur et je viens vous prier de vouloir bien me prendre pour élève. » La mise du jeune homme lui fit sans doute ajouter cette autre question : « Quelles sont tes ressources ? As-tu de quoi t'entretenir de tout ce qui est nécessaire ? — Je n'ai presque rien. — Je n'ai pas besoin d'élève. »

La tentative avait échoué et le jeune homme se retirait pour reprendre son métier.

M. Barrême, frappé probablement de

son air intelligent et honnête, peut-être aussi pour une autre raison que l'on devinera tout à l'heure, le rappela et lui fit cette proposition : « Je consens à te donner un franc par jour. Vois si, avec cela, tu peux te suffire. — Oui, dit Bouriché, j'accepte et je vous remercie. » Le lendemain, il était élève de M. Barrême.

Il travailla chez lui environ deux ans.

Il eut besoin, pendant ce temps, de beaucoup de courage et de patience. Entré comme élève, il comptait que tous ses moments seraient consacrés à ses nouvelles études ; or il arriva que, par bonté d'âme, il se laissa tout doucement amener presque à la condition d'un domestique. On ne lui demanda d'abord que de donner quelques soins au cheval ; puis, insensiblement, il en vint à devoir s'occuper seul du cheval et de l'écurie. Et comme M. Barrême était aussi en possession d'une voiture, il eut encore à la tenir propre. Et, quand le patron voulait sortir en voiture,

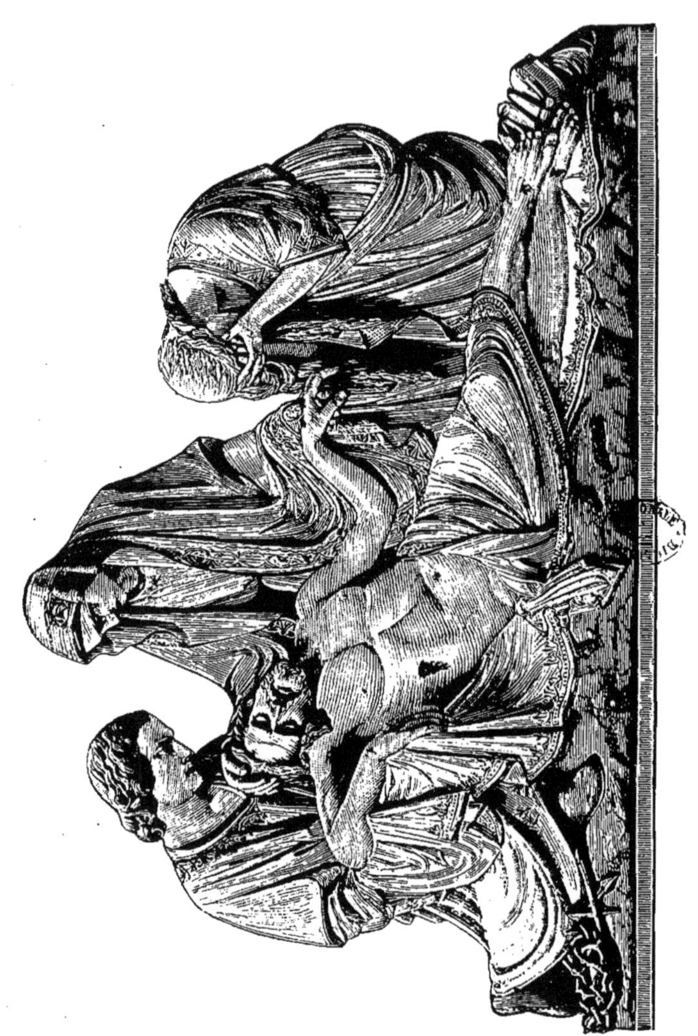

Henri (c'était toujours ainsi que l'appela M. Barrême) attelait, montait sur le siège et conduisait au lieu de la visite. Il était devenu cocher. Combien d'autres services ne demandait-on pas de lui ! Il ne se plaignait pas, il se laissait faire.

Une fois pourtant, il se permit de donner à sentir que l'on exploitait trop sa complaisance et qu'il rendait à trop forte usure le franc de chaque jour qu'on lui donnait. C'était par un froid très rigoureux d'une soirée d'hiver. Henri avait conduit le maître à la porte d'un salon et il l'attendait, sous la piqûre de la bise, pour le ramener à son logis. Après deux grandes heures au milieu de la nuit, n'y tenant plus, il se dit : « Le patron marchera un peu pour rentrer ; il n'aura pas le temps de se refroidir. Plutôt que de geler ici, je pars. » Et il partit.

VI

A PARIS

Il ne faudrait pourtant pas croire que Bouriché donna tout son temps à ces genres d'occupations. Non, il s'occupa de ses études chez M. Barrême et y fit des progrès que nous pourrons apprécier bientôt. Mais avec quelle économie il employait tous ses moments ! Dès quatre heures du matin, même en hiver, il était levé et, sa prière faite, il se mettait au travail. Il lisait, il dessinait, il modelait même à la lueur d'une chandelle. Il continuait ces mêmes études pendant la journée, ou bien il prenait le ciseau et s'exerçait sur le bois, sur la pierre ou sur le marbre. En un mot, tous les instants que ne lui prenaient pas les affaires de M. Barrême, il les sauvait avec un soin jaloux pour les donner aux travaux de son art.

Mais les circonstances dans lesquelles il se trouvait n'étaient, il en faut convenir, guère favorables. Il en souffrait et il se demandait s'il ne devrait pas chercher ailleurs la facilité de mieux employer son temps et de meilleures leçons. Il tournait les yeux vers Paris, où sont les beaux modèles et les maîtres habiles. Mais le moyen d'aller vivre à Paris, et de réaliser ses beaux rêves d'études, de travaux et de succès ? Il examina sérieusement, fit tous ses calculs et crut possible de résoudre le problème.

Son père lui avait laissé pour tout héritage un petit champ, il le vendrait ; rendu à Paris, il serait très sage, vivrait de peu et travaillerait beaucoup. Ne pourrait-il pas, avec ce qu'il savait, avec ce qu'il allait apprendre, gagner bientôt sa vie ?...Sa résolution fut prise : il vendit son champ et partit pour la capitale, mettant sa confiance en Dieu plus qu'en lui-même.

Il me racontait ainsi comment il y fit son entrée : « J'avais connu, à l'École de dessin d'Angers, deux camarades qui étaient partis depuis peu. Ils fréquentaient l'École des Beaux-Arts. J'avais leur adresse. Le soir, en arrivant, je me rendis chez eux, près de Saint-Philippe-du-Roule. En me voyant, ce sont de grandes exclamations de joie. Ils m'offrent l'hospitalité ; mais il n'y avait que deux matelas étendus sur le plancher ; on en chercha un troisième. C'était à peu près tout le mobilier de l'appartement : mes hôtes devaient être encore moins riches que moi. La nuit fut bonne. Savez-vous ce que sont devenus mes deux amis ? L'un d'eux est venu me voir ici, il y a quelques années ; il était alors marchand de casquettes ; l'autre *s'est fait Auvergnat* ». Bouriché passa peu de temps avec ses compagnons, seulement peut-être l'espace d'une nuit.

Il trouva aussitôt du travail.

Ce fut sous les auspices de M. Jean Debay qu'il débuta à Paris. M. Jean Debay appartenait à une famille de sculpteurs qui, de père en fils, faisaient honneur à leur nom. En y entrant, il pénétra dans un milieu tout artistique. Il ne sera plus distrait comme il l'était à Angers : les personnes et les choses ne lui parleront que de son art. Il aura ici sous les yeux de beaux modèles. Je citerai la statue de Mgr Affre frappé par la balle des insurgés, parce que M. Bouriché m'en a parlé avec éloge. Elle est l'œuvre d'Auguste Debay qui devait l'achever en ce temps. Auguste Debay était le frère de Jean. Mais c'est avec celui-ci qu'il eut surtout des rapports ; c'est de celui-ci qu'il reçut sa première récompense, récompense qu'il jugea très généreuse pour un coup d'essai.

Jean Debay vit tout de suite qu'il avait

CHEMIN DE CROIX, DE BOURICHÉ, IIe STATION

là un élève plein de ressources ; il s'en occupa avec une attention toute particulière et il l'aima à cause de ses belles qualités. Bouriché a gardé jusqu'à la fin le souvenir très reconnaissant de sa protection et de ses bons offices.

Il pouvait maintenant s'avancer en toute sécurité. Il le fit et se livra aux études de son art avec plus d'entrain et de bonheur que jamais. Aussi ses progrès s'accusèrent de jour en jour. Il me serait impossible de le suivre pendant les dix ans qu'il fut à cette fête. Je me contenterai d'énumérer quelques faits et quelques circonstances de sa vie à Paris.

Il fut candidat au premier concours qui s'ouvrit pour l'admission à l'École des Beaux-Arts et il réussit. Grande fut sa joie de conquérir ainsi, tout en commençant, le titre si envié d'élève de l'École des Beaux-Arts : tant d'autres font, pendant des années, de vains efforts pour l'obtenir ! Le travail chez M. Barrême n'avait donc pas été inutile. Si je me suis permis plus haut quelques critiques, elles ne touchaient pas à la capacité du maître : le maître était bon et l'élève avait l'esprit si ouvert !

Je ne puis donner beaucoup de détails sur ce que Bouriché a fait à Paris : j'ignore presque tout. D'ailleurs, il ne faut pas songer à parler de chacun de ses travaux en particulier : cela ne pourrait être qu'une ennuyeuse énumération. On l'a fait, trop peut-être, pour des maîtres célèbres, dont les œuvres sont connues et que l'on peut voir ici et là dans les grandes villes ; mais, ne l'oublions pas, nous sommes avec un élève et, quelles qu'aient été ses occupations, tous les jours devaient avoir à peu près la monotonie qu'ont ceux de l'artisan qui, chaque matin, reprend ce qu'il a fait la veille. Lui-même, sans doute, résumerait en quelques mots ce qu'il se rappelle de ce passé déjà bien éloigné. J'ai appris pourtant quelque chose : à moins qu'il ne soit interrogé, son habitude n'est pas de parler de ce qu'il a fait. Je me suis permis quelques questions. Ainsi j'ai su qu'il avait obtenu plusieurs médailles à l'Ecole des Beaux-Arts : ce qui est, je crois, la preuve d'un vrai talent. J'ai su encore qu'il exécuta au moins deux groupes, je ne sais lesquels, qui furent placés au nouveau Louvre.

A une visite de ces dernières vacances, il m'a appris, ce dont il ne m'avait jamais parlé, qu'il avait eu d'étroites relations avec M. Bonnassieux, membre de l'Institut, statuaire très distingué et excellent chrétien. Il a travaillé un long temps dans son atelier et, ce qui lui fait grand honneur, M. Bonnassieux voulut qu'il eût sa part à l'œuvre qui surtout a rendu son nom célèbre : il choisit Bouriché pour l'aider à faire cette magnifique et colossale statue de Notre-Dame de France qui, du haut du Mont-Corneille, domine et protège la ville du Puy.

Bonnassieux et Bouriché, deux hommes

faits pour se comprendre. Si Bonnassieux est plus âgé, s'il est un maître de l'art, il a la foi et les sentiments de Bouriché. De condition presque aussi humble que son élève, il s'inclina facilement vers lui ; il l'aima et le protégea.

Est-ce par Bonnassieux que Bouriché fut connu d'Hippolyte Flandrin ; qu'il reçut ses encouragements et ses conseils ; qu'il eut chez lui un accès facile et amical ? Je le croirais. Tous trois avaient les mêmes convictions religieuses, le même idéal artistique ; les âmes étaient d'accord et devaient s'unir dans une même sympathie. Mais Bouriché était loin de se mettre au même rang que ces maîtres illustres : il se tenait bien au-dessous d'eux et n'en parlait qu'avec révérence.

Dans l'atelier d'Angers, on a vu, pendant un certain temps, une très jolie statue en marbre qui par la grâce et la souplesse, par la liberté et la richesse de la vie qui s'épanouit et brille dans toute la personne, charme tous ceux qui la voient. Cette statue a été faite à Paris. Elle a mérité les suffrages des meilleurs juges et tous les amis de l'auteur lui offrirent leurs franches félicitations. C'est, je crois, le Génie des arts.

Il était difficile d'attirer l'attention de Bouriché sur ce chef-d'œuvre : ou il n'entendait pas ou il tournait vers autre chose. Mais on savait que le beau « Génie » avait obtenu, au Salon de je ne sais quelle année, la médaille d'or. Il a donné sa statue au musée d'Angers.

Je ne continuerai pas sur ce sujet. Je laisse Bouriché aux ateliers, aux leçons de l'Ecole des Beaux-Arts et des maîtres, à la visite des musées, à ses études, à toutes ces choses qu'il aimait avec passion.

Mais il me reste de nos conversations quelques souvenirs d'un autre genre revenant à ce temps : je veux les consigner ici.

Je lui demandai un jour si, pendant ce temps, il avait été fidèle à ses pratiques religieuses : « Oui, me dit-il. Une année cependant, je ne communiai pas à Pâques. Ce fut bien ma faute, mais je m'excusai pour une mauvaise raison. J'étais au confessionnal et, quand je voulus faire mon accusation, avant mon premier mot, le confesseur, peut-être accablé de fatigue et engourdi par le sommeil, se laissa aller à des propos si incohérents que je crus qu'il avait perdu l'esprit. Je me levai et je m'en allai. Cette année, je ne fis pas mes Pâques. »

Je ne crois pas commettre une grave indiscrétion, en livrant cette confidence de notre ami. S'il avoue avoir manqué une fois à son devoir, c'est donc qu'il n'y a manqué qu'une fois ; et encore il a eu la bonne volonté ; et les circonstances n'atténuent-elles pas beaucoup la faute ? Il vécut donc chrétiennement pendant les dix ans de son séjour à Paris.

Bien des personnes se sont demandé si Bouriché s'était marié ; s'il avait eu des enfants. Il m'a raconté l'histoire de son mariage. Cette histoire a son cachet. La voici. Dans l'hôtel où il logeait et prenait ses repas, servait une petite Bretonne qui était bien modeste et paraissait très pieuse. Il apprit que, depuis peu de temps, elle était revenue d'Angleterre où elle avait servi, comme domestique, une bonne famille française. Cette famille avait fait de mauvaises affaires et s'était entièrement ruinée.

La pauvre servante était ruinée aussi : elle avait perdu dans la faillite de ses maîtres ses économies, ses gages même et tout ce qu'elle avait. En apprenant ces choses, Bouriché s'apitoya sur le sort de la malheureuse jeune fille. Il l'examina de plus près ; elle lui parut vraiment bien sage et bien convenable. Il se dit que peut-être il pourrait venir au secours de cette infortune. Mais voudrait-elle de lui ? Il ne le savait pas et il hésitait. Jusqu'à ce moment, il lui avait à peine adressé quelques paroles. Enfin il se décida et, allant tout droit, il lui dit : « Mademoiselle, voulez-vous ? nous nous marierons tous deux. » — « Je veux bien » répondit-elle ; et peu après le mariage se fit très chrétiennement.

Si la paix, la bonne harmonie, la tendre affection, suffisaient pour faire un ménage heureux, celui-là l'eût été parfaitement : mais Bouriché ne jouit pas longtemps de son bonheur : sa femme fut souvent malade et, après trois ou quatre ans, elle mourut en donnant le jour à un second enfant qui, comme le premier, mourut en naissant.

Ce fut un grand deuil pour le pauvre mari. Toute sa consolation, il la chercha dans sa foi : il devint plus fervent qu'il n'avait été jusque là. La sœur de sa femme vint auprès de lui et le servit avec un dévouement qui ne se démentit jamais. Nous retrouverons plus tard à Angers Marie-Jeanne, que l'on prenait pour la domestique et qui était la belle-sœur.

VII

RETOUR A ANGERS

M. Bouriché avait donc passé dix ans à Paris, dix ans d'études et de travaux très sérieux. Ce qui l'avait attiré, ce ne sont ni les fêtes ni les plaisirs que la grande ville offre aux âmes vaines : son caractère, son éducation, tout dans sa manière de penser et d'être, l'éloignèrent des assemblées et des fréquentations mondaines. Il menait déjà et il a aimé toujours la vie retirée et comme solitaire dans laquelle il s'est renfermé à Angers. Quelques relations avec des amis de choix, et l'application aux choses de son art, l'occupaient tout entier.

Qu'aurait-il fait ? A quoi serait-il arrivé si toute sa vie s'était écoulée à Paris ? Serait-il défendu de penser qu'il eût pu être l'égal de ceux de son temps qui, dans la statuaire, se sont fait un nom connu et apprécié ? Nous ne le croyons pas. Mais, comme on l'a dit, ce moine du moyen âge, égaré en nos jours, avait sa place ailleurs.

En 1860, M. Barrême était arrivé à la vieillesse. Pendant dc longues années, il avait consacré son talent à l'art religieux et il est juste de dire que, si cet art a fait de beaux progrès dans le siècle qui vient de finir, il eut à cela sa part. Si sa renommée ne s'étendit pas bien loin, c'est que lui non plus n'eut point recours à la réclame. Au reste, à son époque, ce moyen était à peine inventé.

J'ai donné à entendre que M. Barrême n'était pas ce que l'on appelle un travailleur ; en cela, je n'ai pas cru le calomnier ; mais j'aurais tort de vouloir lui en faire un crime : il a fait peut-être ce que lui ont permis ses forces. Quoi qu'il en soit, il lui est arrivé ce qui arrive quelquefois aux artistes : à l'entrée de ses vieux jours, il n'avait devant lui presque rien en réserve.

Il tourna les yeux vers son « bon et cher Henri » et il conçut un plan qui aboutirait, croyait-il, et qui le mettrait, lui et Mme Barrême, à l'abri du besoin jusqu'à la fin de leurs jours. Ce plan était très simple : il ferait voir à Henri la belle position qu'il s'était faite à Angers et tous les avantages qu'il pourrait lui offrir, c'est-à-dire, ses statues et sa clientèle, et le bon Henri fournirait jusqu'à la mort du dernier survivant une rente viagère de deux mille francs. Avec cela, ils se retireraient à la campagne et verraient s'écouler tranquillement leur vieillesse sans souci du lendemain.

Ce bel arrangement mit la paix dans l'âme de M. Barrême. Il connaissait son homme et il était certain que ses propositions seraient acceptées.

Bouriché était alors au grand séminaire de Bayonne, où il avait été appelé pour faire une statue de la Sainte Vierge. C'est là que vint le chercher l'invitation de M. Barrême, avec tout l'exposé de ses pensées et de ses désirs.

M. Barrême avait bien deviné. Le bon Henri se soumit à tout ce qui lui était demandé. Un autre que lui aurait pu réfléchir au moins deux fois avant de se rendre. Des statues, M. Barrême n'en avait qu'un très petit nombre dans son atelier. Le profit qui pourrait en revenir serait assurément fort modique, d'autant qu'elles ne pourraient servir comme modèles. Et puis, une clientèle de sculpteur statuaire, quelle peut-elle être ? Cela paraît chose intangible et sans réalité. Mais surtout cette grosse rente viagère serait-elle faisable ? et pendant combien d'années ?

Ces réflexions, Bouriché les a faites, mais bien plus tard, quand, depuis longtemps, il envoyait à M .Barrême, dans sa retraite de Varades, les 2.000 francs de chaque année. Ce n'est pas qu'il eût regret de ce qu'il avait accordé ; il croyait s'acquitter d'une dette de reconnaissance et, pour lui, c'était une dette sacrée, mais il avouait qu'il avait été imprudent. Il eut à servir la rente au moins pendant vingt ans.

VIII

L'ATELIER DE LA MADELEINE

Bouriché avait trente-quatre ans quand il revint à Angers. Il était donc dans la force de l'âge ; je dirais aussi dans la force du talent, si le talent n'avait pas à se développer toujours et à devenir plus grand.

Il loua, en arrivant, ce petit atelier de la rue de la Madeleine où je le rencontrai la première fois. Le souvenir qui m'en est resté est comme d'un hangar assez étroit. Il n'y resta que peu de temps.

Vis-à-vis, de l'autre côté de la rue, s'étendait un grand terrain vague. Il l'acheta et fit construire, dans le fond, un vaste atelier très élevé, plein d'air et de lumière. Une petite maison, faisant partie de la propriété, était sur la rue. Il l'habita. Mais, dans sa pensée, cela n'était que du provisoire : l'atelier qui avait été construit à la hâte était nu et sans beauté ; il n'était donc pas pour contenter les goûts d'un artiste. Il serait refait. La maisonnette ferait place à une maison simple, mais bien jolie ; aux côtés, tout le long de la rue, une belle grille laisserait voir le jardin ; au milieu du jardin, un grand cercle de gazon avec jet d'eau ; de ci et de là des statues, des arbres verts et des fleurs partout.

Ce ne fut guère qu'un rêve. Bouriché resta onze ou douze ans à la Madeleine sans trouver le temps ou l'argent nécessaire pour le réaliser, au moins aussi complètement qu'il l'aurait voulu.

Ses œuvres le firent bientôt connaître : on trouva qu'il donnait à ses statues un caractère de dignité et de piété, qui plut ; et les commandes vinrent très nombreuses. Elles lui vinrent en particulier du séminaire d'Angers qui ne fut ni indifférent ni étranger à ses succès, et qui a demandé beaucoup à M. Bouriché. La statue de la bibliothèque en fit désirer d'autres. La deuxième est la si douce et si gracieuse *Vierge qui bénit* de la cour de Philosophie. Mgr Angebault, qui l'avait vue et admirée, voulut en faire la bénédiction. Rappellerai-je la fête charmante que nous eûmes à cette occasion ? C'était par une pure et claire soirée d'été ; la statue apparaissait brillante sur son piédestal de fin granit ; tout autour, dans les arbres, une jolie décoration d'oriflammes et de guirlandes blanches et bleues ; un concours nombreux de prêtres avec nos séminaristes, tous à la joie ; une musique délicieuse qui valut à nos chanteurs des applaudissements unanimes ; tout fut parfait.

L'artiste avait dû céder aux instances de M. le Supérieur ; il était venu ; mais, pendant la cérémonie, il s'était tenu à l'écart, caché derrière la foule. Monseigneur voulut le voir et lui fit ses compliments. Le pauvre artiste, en ce moment, ne se trouvait guère à l'aise.

Vint ensuite le groupe de la communion de la Sainte Vierge, si touchant qu'il a fait couler de bien douces larmes. Inutile de poursuivre et de raconter ce que chacun sait déjà : que les autels, les statues, les bas-reliefs de la ville et de la campagne sont sortis de là.

Je veux pourtant révéler certains petits secrets que la reconnaissance ne nous permet pas de laisser dans l'oubli.

Quand on est sur les lieux, on ne pense pas à parler de ce qui est toujours présent et la tradition est bientôt en risque de se perdre.

A la Claverie, l'autel de la grande chapelle est l'autel un peu diminué de l'ancienne chapelle du séminaire, devenue, aujourd'hui, la salle des Actes. Les autels, statues et bas-reliefs des petites chapelles ont été donnés ; Saint Pierre, par

M. Richou, directeur au grand séminaire de Rodez.

Saint-Charles, par M. Achet.

L'Ange gardien, par M. Schwartz.

Pour Saint-Joseph, la discrétion me défend peut-être de dire qu'il est dû à la générosité de M. Ruchaud.

Toutes ces œuvres n'ont pas servi seulement à nourrir la piété et à former le goût des séminaristes, elles ont aussi contribué à faire le bon renom de l'auteur, auprès du clergé des paroisses, auprès des communautés religieuses ; on est venu de près, on est venu de loin : l'atelier de la Madeleine a eu sa gloire.

J'ai dit que Bouriché ne demeura qu'une douzaine d'années à la Madeleine et passa de là à la rue de Bel-Air. Je vais raconter l'histoire de cette émigration.

Après 1870, pendant la guerre, Mgr Freppel voulut consacrer son diocèse au Sacré-Cœur de Jésus et ériger en son honneur une nouvelle paroisse dans la ville épiscopale. Il en fit le vœu ; l'église serait construite dans le faubourg de la Madeleine et la paroisse serait la paroisse de Sainte-Madeleine du Sacré-Cœur. La fondation fut faite.

En attendant l'église, une vieille et pauvre chapelle dédiée à la Sainte servit au culte paroissial ; et M. Christaud qui fut, avant d'être prêtre, directeur de la prison de Fontevrault, fut le premier curé.

Mais il fallait construire l'église ; une si grande entreprise ne va jamais sans difficultés.

La première que l'on rencontra et qui fit presque désespérer du succès n'avait pas même été soupçonnée : où serait placée l'église ? On chercha partout, on chercha longtemps ; cent propositions furent faites, aussi inacceptables les unes que les autres.

Témoin de ces embarras et de cette agitation, Bouriché se disait à part lui : « La vraie place de l'église, c'est moi qui la possède ; elle ne sera bien que là. Avec mon atelier et mon jardin, tout s'arrangera pour le mieux. Oui, mais quitter ce chantier où j'ai tant travaillé ?...

« Où irai-je me réfugier ? Ce que j'ai ici, ce que j'y ai fait, cela, pour moi, c'est toute ma richesse, et une valeur d'au moins cent mille francs. Oserais-je les demander ? A qui les demander ? Et puis, pour autrui, cela ne vaut pas cent mille francs, il s'en faut ! Si je donnais ? Ce serait le mieux ; c'est nécessaire ; je donnerai. »

Il se faisait toutes ces questions, sans en rien dire à personne. J'ignorais, comme tout le monde, ce qu'il méditait. Nous étions alors à la belle saison et je partis en vacances.

A mon retour, je reçus sa visite : « Eh bien, lui dis-je, quelles nouvelles ? » Il me répondit, tout radieux : « Nous aurons notre église. — La place, où est-elle ? — Que voulez-vous ? Ils ne pouvaient rien trouver, j'ai bien été obligé de donner ce que j'avais. Je l'ai fait ».

J'aurais dû être touché, j'aurais dû admirer ; mais mon pauvre ami m'apparut en ce moment comme perdu au fond d'un abîme et un mot peu courtois s'échappa de ma bouche. Il en rit de bon cœur. Mais j'étais triste de voir sacrifié le fruit des plus belles années de sa vie. Il lui en avait tant coûté pour créer cet établissement où il aurait pu vivre désormais tranquille et travailler sans s'inquiéter de l'avenir. Ses dettes étaient payées et l'aisance allait venir. Il ne l'avait jamais connue.

Maintenant il ne lui reste plus rien, car sa donation a été faite sans réserve, sans condition aucune.

Maintenant tout est à recommencer. Il cherchait déjà s'il pourrait trouver quelque part un petit refuge, et c'est alors que l'on apprit dans le public ce qu'il avait fait. On s'apitoyait autour de lui ; les uns l'admiraient, les autres le blâmaient ; pour lui, il ne perdit pas un moment sa paix. Il comptait sur la Providence et la Providence, encore une fois, lui donna raison.

Bientôt il revint tout joyeux m'annoncer qu'il venait d'acheter un terrain, un superbe terrain, non plus là-bas dans ce pays perdu du faubourg, mais dans un des beaux endroits de la ville, près de la gare, dans la rue de Bel-Air enfin. De l'espace, de l'air et pas de vis-à-vis...

A la place de l'atelier de la Madeleine s'est élevée la belle et très élégante église de Sainte-Madeleine du Sacré-Cœur.

COTÉ DROIT — COTÉ GAUCHE

GALERIE DE BOURICHÉ (NORD)

IX

L'ATELIER DE LA RUE DE BEL-AIR

Bouriché était arrivé à l'âge de 46 ou 47 ans : les belles et fortes années de sa jeunesse sont passées ; sa vie va décliner bientôt, et c'est alors qu'il accomplit l'acte que je viens de raconter. Il se trouva ainsi dépouillé de tout et aussi pauvre qu'au moment de son arrivée à Angers, aussi pauvre que jamais. Qu'allait-il devenir ? Un terrain a été acheté ; mais il n'a rien pour le payer et il faudra faire construire ! Tous ceux qui connaissaient l'état des choses s'inquiétaient pour lui ; on l'accusait toujours d'imprudence et on blâmait son imprévoyante et aveugle bonté. Des réclamations aussi se faisaient entendre, même des murmures. Etait-il permis de laisser cet excellent homme s'immoler ainsi et se perdre pour le bien sans lui venir en aide ? L'émoi était grand.

Lui, pendant ce temps, ne s'agitait ni ne se troublait. Il avait dressé les plans des ateliers à construire et choisi ses ouvriers. Et, ce qui est à remarquer, les ouvriers se mirent à leurs travaux sans autre garantie que leur confiance en celui qui les employait. Les ateliers s'élevèrent rapidement ; et la construction se fit avec une solidité et une perfection remarquables.

En attendant que tout fût prêt pour les recevoir, Bouriché travaillait tranquillement à la Madeleine. Il ne demandait ni n'attendait aucun secours.

Comment donc pourrait-il s'acquitter jamais de la dette très considérable dont il se chargeait ? Il comptait sur la Providence qui lui avait été toujours si fidèle ; il comptait aussi sur ses forces et sur son courage, et son espérance ne fut point trompée.

Une bonne nouvelle lui fut un jour apportée, qui lui fit une grande joie et rendit plus ferme encore sa confiance en Dieu. Mgr Freppel, touché d'un dévouement si absolu et si rare, inquiet peut-être en présence d'une situation si incertaine et si périlleuse, excité encore par les réflexions qui se faisaient autour de lui, ne voulant pas, si un malheur devait arriver, qu'on le pût imputer à son église de la Madeleine du Sacré-Cœur, envoya à Bouriché le prix que lui avait coûté le terrain de la Madeleine. Le don fut accepté avec simplicité et reconnaissance. Bouriché n'était point sauvé ; mais ce fut un grand soulagement pour lui et pour ceux qui s'intéressaient à ses affaires.

Quand tout fut en état à la rue de Bel-Air, il y fit transporter son mobilier de la Madeleine, et il se mit à l'œuvre avec une ardeur plus belle que jamais. Ici, tout est mieux que ce qu'il vient de quitter. J'ai vu les ateliers de plusieurs sculpteurs, je n'en ai point vu d'aussi beaux, d'aussi bien disposés et agencés que les siens. La population qui y travaille est quelquefois assez nombreuse, mais tous sont au large et se meuvent à l'aise dans ces grandes salles pleines d'air et de jour. Les élèves sont auprès du maître qui s'occupe aux modèles. Il travaille dans la salle qui est au centre ; d'un côté sont les mouleurs, de l'autre, les praticiens qui exécutent en pierre, en marbre ou en bois les modèles créés par le maître. Il surveille les uns et les autres, donne des conseils et corrige quand il le faut et les élèves et les ouvriers. Le silence et l'ordre règnent partout. Le visiteur n'entend pas d'autre bruit que celui des instruments de travail : il s'imaginerait être dans un couvent de moines artistes.

C'est là que Bouriché a exécuté ses œuvres les plus importantes et les plus belles. Je ne veux point entreprendre de les énumérer. Qu'il me soit seulement permis de faire mention du *Chemin de Croix* et de ce qui a été fait pour l'église de Montréal au Canada.

C'est l'église de Saint-Rémy-en-Mauges qui a eu le premier exemplaire du *Chemin de Croix*. Depuis longtemps, cette composition sollicitait Bouriché : sa piété, plus encore que la divine poésie du drame de la Passion, l'attirait et le pressait de l'entreprendre. La demande de M. le curé de Saint-Rémy fut l'occasion qui le décida...

Une fois entré dans l'étude et la méditation du mystère des douleurs de l'Homme-Dieu, il en fut tellement saisi qu'il avait peine à en retirer sa pensée. Il se trouva pris comme d'une fièvre ardente et continue qui ne lui laissait point de repos. Bientôt la fatigue fut si grande qu'il dut, pour faire diversion, se livrer à un autre travail. Il fut même obligé de recourir plusieurs fois à ce remède avant d'arriver à la fin de l'œuvre.

Il y consacra au moins deux ans et, quand son travail fut achevé, il eût voulu le reprendre pour le mieux faire. Peut-être est-il bon qu'il n'ait pu donner suite à ce désir : la première inspiration est souvent la meilleure.

Telle qu'elle est, cette œuvre a, de prime abord, conquis les suffrages de tout le monde. Oh ! sans doute, des remarques, des critiques ont été faites et seront faites encore ; mais on peut dire que, malgré les réserves, le jugement universel est favorable au *Chemin de Croix*. On le trouve très beau, très touchant et digne d'être admis partout, même dans les plus grandes et les plus riches églises.

A la demande d'un grand nombre de personnes, deux réductions ont été faites qui permettent de l'introduire dans les petites églises de paroisse et dans les chapelles des communautés. Quel meilleur moyen d'exciter et de renouveler la dévotion au divin mystère de la Passion du

Sauveur ? Aussi on ne pourrait dire en combien d'endroits il a été placé.

C'est ici le lieu de parler de M. Rousselot. Est-ce parce qu'il était Angevin ? Est-ce parce qu'il était très aimable et très bon ? Non, mais il a connu très intimement Bouriché et l'a fait travailler beaucoup : cela m'autorise.

Vous me demanderez peut-être qui est M. Rousselot. En effet, vous ne l'avez pas connu et ceux qui l'ont connu ont pu commencer à l'oublier. Il est mort, il y a déjà quelques années, et l'on ne s'occupe pas longtemps de ceux qui sont morts.

Il ne semble pourtant pas possible que son souvenir ait entièrement péri dans la ville de Cholet : c'est là qu'il est né ; là que, devenu prêtre, il a exercé son saint ministère avec une piété, un zèle et une charité qui ont fait bénir son nom et qui ont dû protéger sa mémoire. Ce fut une grande tristesse, surtout parmi les pauvres, quand on apprit que M. Rousselot avait quitté Cholet pour entrer à Saint-Sulpice et pour s'en aller, bientôt après, dans le Canada.

Il fut à Montréal ce qu'il avait été à Cholet, un prêtre d'un admirable dévouement. Après quelques années, il fut nommé curé de la paroisse de Notre-Dame, la plus importante de la ville. L'église est grande à pouvoir contenir jusqu'à quinze mille personnes. M. Rousselot voulut l'embellir et, ne pouvant toucher aux autres parties, il résolut de l'orner d'un autel qui serait un monument dans cette grande église. Il voulait que cet autel fût comme une leçon de théologie qui exposerait aux fidèles toute la doctrine du sacrifice de Notre-Seigneur Jésus-Christ offert sur la croix du Calvaire, prophétisé et symbolisé par les sacrifices de l'ancienne Loi, renouvelé tous les jours dans le mystère de la sainte messe.

M. Rousselot, tout occupé de ces idées, était venu faire un voyage en France. A

Angers, on lui parla de Bouriché ; il voulut le voir ; il eut avec lui plusieurs entretiens. Après s'être assuré que l'artiste entrait bien dans sa pensée, il examina attentivement ses œuvres et, après cet examen, son choix fut arrêté : Bouriché exécuterait son projet. On convint des conditions et le travail bientôt commença. Ce fut un travail considérable qui dura plusieurs années. Bouriché, c'était son devoir, faisait tous les modèles, et M. Chesneau, l'ouvrier, croirait-on, le plus habile du monde à travailler cette matière, les exécutait en bois.

Nous n'avons point vu, à Angers, ces belles œuvres à leur place, mais seulement l'une après l'autre, au fur et à mesure de leur exécution. Nous ne pouvons donc juger de l'effet qu'elles produisent dans la menuiserie de l'autel de Montréal ; mais c'est avec regret que nous les voyions partir. Ils étaient si beaux ces groupes, si belles étaient ces statues avec leur délicate décoration ! Une simple peinture ton pierre blanche avec légers filets d'or aux bords des draperies leur donnait une élégance du meilleur goût. Quelle paix et, en même temps, quelle grandeur dans la souffrance nous présente le Calvaire ! Quelle grâce divine dans le couronnement de la Sainte Vierge ! Et ces deux groupes d'Anges qui sont en adoration de chaque côté du tabernacle, peut-on rien voir en ce monde de plus angélique ! Je m'arrête et ne signalerai rien de plus. Ce que je voudrais ajouter ne ferait mieux connaître ni l'autel de Montréal ni les mérites de notre artiste.

Bouriché se félicitait d'avoir réalisé tous ses plans et de voir venir le succès. Devant lui, il n'apercevait qu'une perspective pleine de promesses heureuses et souriantes. Hélas ! ce n'était qu'un mirage trompeur, un rêve qui devait se dissiper bientôt.

Mais, avant de parler de la grande épreuve qui, soudainement, mit fin à tous ses travaux d'art, je m'arrêterai pour pénétrer un peu dans cette âme, pour considérer de plus près cette vie dont nous avons vu surtout les dehors. Je voudrais montrer l'homme, l'artiste et le chrétien, tel que je l'ai vu, et, c'est mon vrai désir, tel qu'il a été.

X

L'HOMME

En notre temps il n'est pas nécessaire que celui qui écrit se fatigue à peindre, avec son style et ses phrases, les traits et l'air de visage de la personne qu'il veut faire connaître : les portraits de tout le monde sont partout, grâce principalement à la photographie. Qui le voudra pourra se procurer l'image de Bouriché.

Mais ce que l'on obtiendrait difficilement, c'est la ressemblance fidèle de tout l'ensemble de sa personne. Quoiqu'il fût bien fait, on ne l'aurait pas cru, à ne le voir qu'en passant. Cela venait de ce qu'il ne sut jamais se bien habiller. On accusait ses tailleurs et ses tailleuses, et il y avait peut-être quelque chose à redire de ce côté, car il ne s'adressait pas aux coupeurs en renom ; mais un homme habile auquel on le força de recourir pour une circonstance solennelle ne fut pas plus heureux que les fournisseurs ordinaires. Tout habillement allait mal à cet artiste qui habillait si bien ses statues. Il n'avait guère souci de sa toilette : les exemples de M. Barrême ne l'ont pas gâté.

Pour être juste, il faut ajouter qu'il veillait à tenir ses habits dans une grande propreté. Il en avait pour les dimanches ordinaires, pour les fêtes moyennes et pour les grandes solennités. Nos séminaristes angevins qui le voyaient, toujours avec sympathie ,entrer dans la cour, à la récréation du dimanche, connaissaient ses habitudes et faisaient leurs remarques sur ceci et sur cela, en particulier sur ses pantalons à jambes de largeur légendaire. Ce fut une exclamation, un jour de Pâques, quand il parut avec un chapeau haut de forme tout neuf et très brillant. Cela se faisait avec une parfaite bienveillance et sans malice aucune.

En semaine, son costume, à l'atelier et à l'intérieur de sa maison, était toujours le même : il ne portait point la longue blouse blanche, mais un justaucorps de flanelle boutonné sur la poitrine, et, sur la tête, une toque de même étoffe et de même couleur.

Sa démarche, on le devine, devait être lourde et abandonnée, à peu près à la manière d'un paysan qui n'y a jamais pris garde.

Quand vous le voyiez pour la première fois, il vous saluait avec un mélange de civilité et de gaucherie qui vous aurait fait vous demander à qui vous aviez affaire ; mais la douceur de sa voix, la simplicité et la droiture de son regard vous avaient bientôt rassuré. Vous étiez en présence d'un honnête homme. Était-il un homme de talent ? Rien ne l'annonçait encore.

Cette manière d'être et de se présenter peut s'expliquer, je pense, ainsi. J'ai dit que, dans son enfance, il n'avait pu fréquenter que bien irrégulièrement, et seulement pendant quelques mois, l'école de son village ; s'il ajouta quelque chose dans la suite à cette instruction par trop incomplète, il le fit sans maître et sans méthode, par conséquent, sans beaucoup de profit. Il eut toujours très vif le sentiment de son infériorité sous ce rapport ; et lui, si humble, en était humilié et plus encore intimidé. De là cet air embarrassé et contraint lorsqu'il avait à recevoir des personnes qu'il ne connaissait pas ou avec qui il n'était pas familier.

Il est fâcheux que ce côté d'une si belle et si riche nature ait été laissé à l'abandon ; mais l'artiste y a perdu beaucoup moins que l'homme. Ils sont nombreux les artistes, même illustres, qui, comme lui, n'ont pu recevoir qu'une très courte et très élémentaire instruction : Bouriché aurait donné des leçons d'orthographe à un de ses maîtres les plus célèbres de l'École des Beaux-Arts.

Pour les lettres et pour les arts la source de l'inspiration est la même ; les moyens de la traduire ,seuls, sont différents. Que le poète, le peintre, le statuaire, parlant chacun sa langue, nous expriment le Beau dans sa pureté et son éclat : nous ne demanderons pas au poète s'il connaît les secrets de la peinture ou de la sculpture ; pas plus devons-nous exiger du sculpteur ou du peintre qu'il soit habile dans les lettres. Ne serait-il même pas vrai de dire que l'homme qui a l'un ou l'autre de ces talents a aussi les autres, au moins en germe ?

Quoi qu'il en soit, il semble bien que l'âme de notre statuaire était pleine de poésie ; et cela se laissait voir en mille occasions petites ou grandes.

Je ne citerai, pour le moment, qu'un menu fait, en laissant beaucoup d'autres de côté.

Celui-là n'est-il pas de la famille des poètes qui est ému jusqu'aux larmes à la lecture d'une page belle et poétique ?.... Un jour, en entrant dans ma chambre, il ouvre un livre, si je ne me trompe, d'Alfred Tonnelé. C'était un fragment sur l'art. Il en lit péniblement quelques lignes, empêché qu'il est par l'émotion et par les larmes ; puis il me passe le livre en me disant : « Lisez vous-même ; je ne puis continuer. » Et, en soupirant beaucoup : « Mais est-il heureux, ce jeune homme, de savoir si bien ce qui doit être dans l'âme d'un artiste et de le si bien dire ! »

C'est que lui, le pauvre, s'il en avait le sentiment et le goût, il n'avait point la science des lettres. Combien de germes sont ainsi jetés dans la terre qui ne donnent ni fleurs ni fruit ! La terre était bonne, la culture a manqué.

Bourichè aurait pu faire un poète. Ce qui paraitra invraisemblable, il aurait pu faire un savant : s'il avait eu à choisir sa

LA VIERGE BÉNISSANTE — LA VIERGE AU LYS (SÉMINAIRE)

DE BOURICHÉ

voie, il serait allé à l'étude des sciences mathématiques et à la mécanique. C'est de ce côté que se portait naturellement son esprit et, dans ses moments de loisir, sa distraction était de chercher la solution de quelque problème scientifique. Lui aussi, sans livre et sans maître, a su faire ses découvertes ; je ne sais jusqu'où il les a poussées. Il paraît que l'on peut voir, dans ses ateliers, l'application de quelques-unes de ses ingénieuses inventions.

Toutes ses recherches ne le conduisaient pas à ces résultats pratiques : « Croiriez-vous, me disait-il en se moquant de lui-même, que j'ai travaillé longtemps, avec acharnement, et le jour et la nuit, jusqu'à en avoir la fièvre, à la recherche du mouvement perpétuel ? J'étais fou ».

Non, cela n'est pas. Nous conclurons plutôt, de ce qui a été dit, que Bouriché avait un esprit très ouvert qui, en des conditions favorables, aurait donné aux lettres ou aux sciences autant, peut-être plus,

5

qu'il n'a donné à l'art de la sculpture.

Mais l'intelligence ne fait pas le tout de l'homme : la bonté passe avant. Il faut le croire malgré l'outrage que les hommes font à cette vérité ; non pas tous assurément : les bonnes âmes sont encore par légions. Ne sont-elles point le grand nombre ?... Mais elles ne font pas de bruit.

Je n'hésite pas à placer Henri Bouriché au nombre de ces bonnes âmes et, j'en suis persuadé, aucun de ceux qui l'ont connu ne voudra me contredire. Est-ce illusion de l'amitié ? Je ne saurais découvrir, en cet homme simple et droit, aucun penchant mauvais. S'il fut soumis aux conditions de l'humaine nature, il sut en maîtriser et gouverner si bien les mouvements que, pendant les longues années que j'ai vécu dans son intimité, je n'ai jamais été témoin d'un écart notable soit dans sa conduite, soit dans ses paroles.

Non seulement il n'y avait en Bouriché ni malice, ni fiel, ni aucune racine d'amertume, mais il portait dans son cœur un trésor qui s'ouvrait de lui-même, dans toutes les occasions qui se présentaient, de témoigner quelque sympathie, de rendre un service, d'aller au-devant de ceux qui auraient craint de recourir à lui. Sa bonté était comme proverbiale et s'associait à son nom dans la bouche d'un grand nombre qui, parlant de lui, ne l'appelaient que « le bon Monsieur Bouriché ».

Ceci me rappelle une parole que je veux citer. Elle est d'un très honnête homme, mêlé à beaucoup de monde et à beaucoup d'affaires. La conversation entre nous avait roulé sur les uns et sur les autres et, à chacun de ceux que l'on avait passés en revue, avait été donnée sa note plus ou moins blanche. Ce Monsieur en vint à prononcer le nom de Bouriché. « Oh! celui-là, me dit-il, n'est point l'un de nous ; il est tout à fait à part ; c'est un sage, c'est le bon Monsieur Bouriché. ».

La bonté de son cœur, tous ceux qui l'ont

connu la proclameront : et l'ouvrier parfois difficile et revêche qui a passé par ses ateliers ; et tous ceux de son voisinage ; et toutes les personnes qui ont eu avec lui des relations d'affaires ou d'un autre genre.

Mais il a été donné à ses amis surtout d'entrer dans cette âme et de jouir de ce qu'elle renfermait d'exquise sensibilité, de droiture et de candeur. Tout ce qui est beau et aimable y avait accès et le gagnait. Il était heureux quand il voyait quelque part la bonté, la charité, l'attention à rendre service ; un trait de dévouement, surtout quand c'était le fait de petites gens, lui tirait les larmes des yeux. Lorsque c'était lui qui le racontait, il ne pouvait en dire bien long avant de se sentir suffoqué et il était obligé de s'arrêter pour se ressaisir. Il fallait le ménager quand on lui faisait la lecture de quelque page émouvante : bientôt il n'y pouvait plus tenir ; on entendait quelques monosyllables entrecoupés de soupirs ; il pleurait.

Quelqu'un sera peut-être tenté de croire que ces attendrissements de cœur n'étaient que l'effet de l'âge et d'une faiblesse sénile ; mais non : c'est pendant toute la durée de sa force la plus virile qu'il a été ainsi sensible à tout ce qui est bon et aimable ; c'est dans le temps même où s'est passé le fait que je vais raconter. Là, si je ne me trompe, s'est révélée, dans toute sa sincérité et sa pureté, une bonté qui ne se laisse toucher que des intérêts des autres et qui reste ferme et comme impassible quand on viole ses droits, quand on lui fait outrage.

Il était venu me faire sa visite habituelle ; on causa pluie, beau temps et autres choses indifférentes. Puis, après cette introduction, je lui demandai des nouvelles de l'atelier.

Alors, du ton le plus calme, il répondit : « Ce matin, pendant que j'assistais à la grand'messe, quelqu'un s'est introduit chez moi ; il est monté à l'étage où je garde mes modèles : il a su faire choix des plus beaux et, à coups de bâton, il en a fait un massacre. — « Comment ? lui dis-je tout indigné : qui a fait cela ? » Il me répondit : « Je ne veux pas le savoir. » Il le savait probablement, mais il ne voulut ni me donner un nom, ni exprimer un soupçon. « Vous ne ferez pas une enquête ? Vous ne poursuivrez pas ? — Oh ! non. Le coupable est plus à plaindre que moi. » Je ne pus qu'admirer et me taire. Celui-là admirera aussi qui sait de quel amour un artiste aime l'œuvre de sa pensée et de ses mains.

Cette méchante et vilaine action fut évidemment le fait d'un jaloux. Aucune passion ne répugnait autant à l'âme élevée et généreuse de Bouriché : il fut donc touché jusqu'au vif. Et c'est à ce moment même qu'il est ainsi maître de la colère et libre de toute haine, de toute pensée d'une juste vengeance !

Ses dispositions, envers les autres artistes, étaient bien différentes : c'est de bon cœur qu'il applaudissait à leurs succès et

CHEMIN DE CROIX, DE BOURICHÉ, XIe STATION

les favorisait. Invité par l'un ou par l'autre à visiter son atelier, il s'y rendait volontiers, et parce que, comme ils le reconnaissaient eux-mêmes, il était « leur maître à tous », lorsqu'ils lui demandaient ses avis et ses conseils, il les donnait facilement et simplement.

Lui qui n'a jamais fait un pas ni dit un mot pour s'attirer une commande, n'est jamais allé sur les brisées de ses émules pour les supplanter, n'a jamais été envieux de leurs succès. Si quelque chose a pu parfois l'émouvoir, c'a été d'apprendre que certains se tenaient aux écoutes pour découvrir une œuvre qui n'était encore qu'un projet, afin d'aller les premiers offrir leurs services ; sa peine alors n'était pas tant de se voir frustré d'un travail qui aurait pu lui venir que d'avoir à rencontrer ces procédés indélicats chez l'un ou l'autre de ceux de sa condition.

Non seulement il a été d'une loyauté parfaite envers les autres artistes : non seulement il leur a donné ses conseils pour les aider à réussir, il aurait fait plus encore s'il eût été besoin : l'un d'eux, celui peut-être qui devait le moins s'y attendre, pourrait ici rendre témoignage : plus d'une fois Bouriché lui a ouvert sa bourse pour le sauver d'une position très critique.

Sa bourse, il ne savait guère la défendre en présence du besoin. Lorsqu'il commença d'être son maître, elle était bien petite ; il avait à payer ses dettes et il ignorait ce que lui apporterait l'avenir. Alors il ne l'ouvrait qu'avec prudence et réserve ; il ne refusait pas, mais il croyait faire assez en prêtant sans intérêt et sans demander aucune garantie. Plus tard, il refusait de prêter : l'expérience lui avait peut-être appris que ses prêts souvent se convertissaient en dons gratuits. Toujours est-il qu'à plusieurs qui lui demandaient à emprunter il répondait : « Non, je ne prête pas ; mais je puis vous donner telle somme pour vos besoins ».

XI

L'ARTISTE

Il m'est arrivé plusieurs fois d'entrer, sans être aperçu, chez Bouriché pendant qu'il était à son travail. Alors je ne le troublais point ; je me dissimulais plutôt et je me cachais pour jouir du spectacle qu'il donnait. Je le trouvais superbe. C'est là qu'il était à sa place, c'est dans ce moment qu'il fallait le voir.

Un jour, il était autour d'un bloc de marbre qu'avait ébauché le metteur au point ; il s'occupait du monument du cardinal Régnier. Impossible de voir plus de vie et d'entrain dans le travail : c'était une souplesse dans les membres, une décision dans les mouvements, une hardiesse et une précision dans le coup de ciseau, qui montraient l'homme à l'aise et tout à fait maître dans son métier.

Une autre fois, il s'occupait de modeler le groupe de l'Ange gardien. Il achevait la tête de son modèle et l'instant était venu où l'artiste hésite à hasarder ces petits tâtonnements, ces touches timides et craintives qui cherchent à faire entrer dans un visage l'expression de vie, le sentiment qu'il voudrait y mettre. Je le vois calme, recueilli, tout concentré en lui-même, mais inquiet. S'il allait, par ce coup de pouce pourtant si doux, compromettre ce qu'il a maintenant ? Et ce qu'il a maintenant, ce n'est pas encore ce qu'il cherche, ce qu'il veut avoir. Pourquoi ne peut-il pas faire jaillir de ce front, de ces yeux, de cette bouche le rayon de lumière, de bonheur, de bonté, qui éclaire sa pensée et ravit son cœur ? Quand il eut posé sa petite boule de terre glaise pour respirer un peu et réfléchir encore, je m'approchai. Il fut surpris, mais non mécontent de me voir là, puis, me plaçant tout de suite en face de son ange : « Qu'est-ce donc qui manque? me dit-il. Où est le vice? mon ange n'est point un ange. Qu'il est donc difficile de mettre dehors la belle image que l'on a dans la tête ! »

Je ne sais ce que je lui dis. La conversation se porta sur le beau. Qu'est-ce que le beau? Qu'est cet idéal que l'homme poursuit et ne peut atteindre? Je me gardai bien d'entamer une dissertation philosophique sur la nature et la source du beau : il n'y aurait rien compris ; moi non plus, peut-être. Je le laissai à son génie, en l'exhortant à faire de son mieux. C'est sans doute ce que je devais faire. Il avait en lui-même le maître qu'il devait consulter : le goût, le sentiment du beau qui d'instinct s'était éveillé en lui dès son enfance et lui avait appris à faire ses petits essais d'artiste. L'étude des modèles, le travail, les leçons des maîtres ont développé dans la suite ces dispositions natives, mais n'ont rien créé.

La lueur, qui lui est apparue au commencement, l'a suivi toujours, éclairant de plus en plus le nuage, mais s'obstinant à rester de l'autre côté. Ainsi il marchait à la lumière du rayon divin sans savoir d'où il venait ; ainsi en est-il pour tous les artistes et pour tous les poètes : le souffle de l'inspiration les touche ; ils ne savent ni d'où il vient ni où il va : le musicien et le poète chantent ce qu'ils ont dans le cœur comme l'oiseau dit sa chanson. De même le statuaire et le peintre essaient de traduire l'idéal qui est en eux en l'écrivant, l'un sur la toile, l'autre dans la pierre ou dans le marbre : mais cet idéal, qu'est-il ? d'où vient-il ? ils ne songent pas même à se le demander.

Ils ont raison, les artistes. Qu'ils laissent cette tâche ardue aux méditations du philosophe : s'ils voulaient pénétrer le mystère, ils verraient aussitôt s'envoler leurs belles pensées et se taire les accents que contient leur lyre.

Mais l'artiste peut-il, libre de tout frein, obéir à toutes les impulsions de sa verve et, parce qu'elles sont belles, nous peindre ses visions telles qu'elles lui sont apparues? Il se le permet facilement, surtout en nos jours, et il y est encouragé par les complaisances de beaucoup. Le beau, dira-t-il, n'est-il pas toujours le beau? et, s'il est la splendeur du vrai, son droit, son devoir n'est-il pas de le montrer tel qu'il est?

Non, cela ne va pas ainsi. Si toute vérité n'est pas bonne à dire, moins encore toute beauté doit-elle être mise sous les regards de tous. Il est bien vrai que la beauté est toujours belle ; mais il est des beautés qui doivent rester sous le voile : en se découvrant, elles blesseraient nos yeux malades. Ainsi tels fruits sont sains et de saveur délicieuse ; mais vous êtes malades ; n'y goûtez donc pas, ils vous donneraient la mort. Nos yeux sont malades aussi depuis que la beauté d'un fruit a séduit notre mère Eve. Plût au ciel qu'il ne se fût jamais présenté à son regard ! Les belles et pures créations de Dieu ne seraient point devenues des sirènes qui tendent partout leurs pièges aux faibles humains.

Notre ami ne s'est jamais permis aucune de ces hardiesses qui offensent l'honnêteté et inquiètent la pudeur. Rien ne lui aurait tant répugné. On peut dire qu'il habitait un monde où ces images ne peuvent entrer : sa foi le mettait en possession des réalités invisibles ; il avait société avec les saints, et son travail et son bonheur étaient de nous faire voir, autant qu'il le pouvait, ses amis du Ciel sous les traits qu'ils devaient avoir pendant leur vie mortelle.

On raconte que Fra Angelico, de Fiesole, peignait à genoux l'image de Notre-Seigneur, et qu'il versait d'abondantes larmes quand il représentait les douloureuses scènes de la Passion ! Je ne pourrais prêter à Bouriché des émotions aussi vives ni aussi tendres, mais je crois pouvoir dire qu'il se mettait chaque jour au travail avec la piété et comme avec le zèle d'un apôtre. Il invoquait le saint dont il allait s'occuper, et lui demandait de réussir à le présenter convenablement et dignement à la foi et à la confiance des fidèles. Après cela, il se mettait au travail. Lorsque, après de longs efforts, il se trouvait en présence d'un visage, d'une attitude ou d'un mouvement qui ne répondaient pas à ce qu'il cherchait, il devenait triste et le découragement se serait emparé de lui. Alors, avec une familiarité naïve, il s'en prenait à son saint ; il lui faisait ses représentations et ses remontrances ; il lui prédisait un insuccès inévitable et très fâcheux : on ne le prierait pas ; son culte serait abandonné et les bénédictions du ciel qu'il aurait obtenues, le ciel les garderait. Ainsi les prières et les supplications se tournaient en menaces.

Je disais que Bouriché ne s'est jamais occupé des spéculations des philosophes sur la nature du beau : cela est vrai ; mais, avec son bon sens, il s'était fait une philosophie qui en vaut peut-être une autre. Il se disait que toute œuvre d'un artiste est une parole, voire un discours ; discours, parole, qui ne se récite point dans un monologue, mais qui entre dans toutes les oreilles pour aller jusqu'au cœur. C'est donc au cœur qu'il veut s'adresser pour lui dire des paroles bonnes et salutaires. Ses statues, ses groupes, ses bas-reliefs, tout ce qu'il a fait, il l'a dirigé vers cette fin : il a voulu en faire une prédication de sainteté, une exhortation à la vertu.

Il ne serait donc pas pour la théorie de ceux qui veulent que l'artiste ne voie dans l'art autre chose que l'art lui-même. « L'art pour l'art », disait-on, il y a cinquante ans : cela se répète sans doute encore. Si cette formule énigmatique a un sens, elle veut dire, peut-être, que l'artiste a le devoir de ne considérer que le beau et de le donner tel qu'il le voit, et tel qu'il soit, sans se proposer aucune autre fin, sans se préoccuper des effets qu'aura son œuvre. Pour Bouriché, de l'œuvre artistique sortira, ordinairement au moins, une voix qui, malgré qu'en ait l'auteur, donnera une leçon bonne ou mauvaise. Il rejetterait donc la maxime de « l'art pour l'art », parce qu'elle lui semblerait ouvrir la porte à toutes les audaces et à toutes les licences artistiques. Selon lui, l'art est un moyen d'éclairer les esprits et d'élever les âmes ou encore, si l'on veut, de les récréer honnêtement. Il ne doit être que cela.

Depuis qu'il est venu se fixer à Angers en 1860, Bouriché n'a travaillé que pour les saints et les choses religieuses. Plusieurs propositions lui furent faites de travaux d'un autre genre ; il refusa toujours. Les offres les plus belles et les plus avantageuses ne le tentaient pas : par exemple, il lui fut demandé s'il voudrait se charger de faire un grand nombre de statues pour la décoration de la maison municipale d'une grande ville d'Amérique : dès qu'il compris qu'il s'agissait de représenter les illustrations civiles, politiques et militaires du pays : « Non, dit-il : j'ai voué ma vie aux saints, je veux la leur donner toute entière. »

C'était tellement sa résolution et son vœu qu'il conçut le dessein de se donner à l'Evêque d'Angers pour être, sous ses ordres, le sculpteur du diocèse d'Angers en prenant l'engagement de refuser toute commande étrangère et de ne travailler que pour les églises et les chapelles de ce diocèse. En retour, il se contenterait de sa nourriture et de son entretien.

Il est peut-être bon que sa proposition n'ait pas été acceptée et qu'il ait gardé son indépendance et sa liberté : aurions-nous eu toute cette variété d'œuvres qui lui ont été demandées non seulement des différentes régions de la France, mais même, on peut dire, de tous les pays, s'il avait été l'homme d'un seul diocèse ?

Il serait difficile de trouver une volonté

plus résolument et plus franchement décidée. Bouriché la suivit avec une fidélité et un amour qui ne se démentirent pas. Ce qui se fait avec amour se fait aisément, se fait bien aussi, pouvons-nous ajouter.

Notre artiste, en effet, a réussi. Il ne convient pas que je fasse aucune comparaison et que j'ose lui donner un rang parmi ses collègues qui ont travaillé à la statuaire religieuse ; je dirai seulement qu'il s'est fait un style à lui et un caractère qui, de prime abord, permettent, si je puis dire ainsi, de lire sa signature au pied de toutes ses œuvres, encore qu'elle en soit absente. En toutes on remarque, outre la parfaite convenance, qui chez d'autres fait quelquefois défaut, une dignité et une noblesse qui inspirent le respect et, en même temps, une expression de piété et de bonté qui attire et fait prier. On sent, en leur présence, que l'auteur est initié à cette vie de sainteté qu'il s'efforce de faire voir, qu'il la comprend, qu'il l'aime et voudrait la faire aimer.

La faveur et la sympathie des fidèles ont répondu à ses bons désirs : il a été compris et apprécié ; on va à ses statues ; on se met à genoux et on prie.

Qu'il ait échappé à la critique, cela n'est pas possible : toute œuvre d'art est exposée aux jugements de tout le monde, et tout le monde n'est-il pas connaisseur, et n'a-t-il pas son avis à donner ? et cet avis serait-il d'un connaisseur s'il était tout à l'éloge ? Et les jaloux ! Tous, assurément, n'auraient pas voulu prendre le bâton pour mutiler ses modèles ; mais il est si difficile de retenir sa langue, même quand on n'est pas jaloux !

Bouriché ne s'en occupait pas. De n'avoir pas uniquement des admirateurs, il ne pouvait s'en fâcher, car il s'admirait bien peu lui-même. S'est-il jamais attribué un mérite ou fait une louange ? Personne, peut-être, n'a fait, comme lui, la sévère critique de telle ou telle de ses œuvres.

Et avec quelle simplicité et quelle déférence il écoutait les observations qui lui étaient faites ! Il ne pouvait pas en tenir toujours compte : il était trop clair, quelquefois, que la remarque était sans portée. N'est-ce point trop souvent qu'il avait à entendre prononcer des jugements d'autant plus hardis qu'ils venaient de censeurs moins autorisés ? Dans ces occasions, si propres à exciter la bile des plus patients, il savait se contenir et il répondait par cette formule toujours la même : « Peut-être. »

Mais, si l'observation venait d'un homme dont il estimait le jugement, il examinait et, dès qu'il en avait vu la justesse, il se corrigeait. On l'a vu même, pour faire droit à une juste critique, renverser de quelques coups d'ébauchoir un modèle presque achevé ; puis, sans se fâcher, sans un mouvement d'humeur, il reprenait sa glaise et recommençait.

Il semblerait qu'avec la bonne volonté, le travail et le talent, un artiste a tout ce qu'il faut pour donner tout ce qu'il peut donner. Non ; ce sont là, sans doute, des conditions nécessaires, mais cela ne suffit pas. Il lui faut encore du temps pour ses méditations et l'exécution tranquille de son œuvre et, disons-le aussi, de l'argent. Or ce qui a le plus manqué à Bouriché, c'est d'abord le temps, parce qu'il a été toujours trop pressé, et l'argent, parce que son travail n'était pas assez récompensé.

Presque tout ce qu'il a fait lui a été demandé par le clergé des paroisses ou par des communautés religieuses ; or les communautés religieuses et les curés, d'ordinaire au moins, ne sont pas riches : il fallait donc travailler à bon marché. Et, parce que les commandes bientôt vinrent nombreuses, et que, d'autre part, en ceci comme en autre chose, ceux qui attendent trouvent le temps long, il était nécessaire de se presser beaucoup. Aussi Bouriché faisait-il ses journées très longues, et ne se donnait aucun autre repos que celui du dimanche. Voilà ce qui explique le grand nombre et la variété des œuvres produites pendant le peu d'années que le travail lui fut possible. Voilà aussi pourquoi auraient tort ceux qui blâmeraient notre artiste de n'avoir pas produit que des chefs-d'œuvre. Pour apprécier son œuvre de manière équitable, il faut la concevoir comme il l'a conçue : à l'exemple du prédicateur qui, du haut de la chaire, distribue à un auditoire connu un enseignement intelligible et proportionné, Bouriché avait devant les yeux ceux à qui il voulait s'adresser et il s'appliquait à exprimer clairement sa pensée pour la faire entrer dans leur esprit et dans leur cœur.

Mais qui sont-ils ceux qui viennent s'agenouiller et prier devant les saints ? C'est la foule ; ce sont les bons paroissiens des villes et des villages. Peu de gens instruits parmi eux, point de raffinés. Que l'on fasse donc entendre à ce peuple simple et bon le langage qu'il comprend, à condition toutefois que ce langage soit toujours correct, digne, élevé ; et nous penserions que c'est assez, que c'est bien. Si un habile, si un examinateur des petits détails se présente un jour, qu'il sache, avant de se livrer à ses minutieuses recherches, que ce n'est point pour lui qu'on a travaillé. . . . .

Si ces lignes tombaient par hasard sous les yeux de certains hommes que je connais bien, et que j'ai en grande révérence pour leur esprit très distingué et très délicat, ils diraient que je suis trop facile et trop indulgent. Ils ont, eux, de sévères reproches à faire à la sculpture de Bouriché. A les entendre, il aurait gravement péché contre les règles de son art : il ne connaîtrait guère le corps humain ni la science de l'anatomie. A ses draperies, il y a toujours quelque chose à reprendre ; ses saints, disent-ils, n'ont point de corps ; ils sont sans chair et sans os ; ce sont des êtres d'un autre monde.

LA SAINTE VIERGE COMMUNIÉE PAR SAINT JEAN, DE BOURICHÉ

CALVAIRE, DE BOURICHÉ (MONTRÉAL, ÉGLISE NOTRE-DAME)

Nous demandons des membres, des muscles, du sang, de la vie...

Ils sont en petit nombre, ceux que j'ai entendus se plaindre ainsi ; mais enfin, disons-le à ceux-là mêmes, malgré tout le respect qui leur est dû : « La critique est facile ; a-t-on le droit de la faire ? Si habile que l'on soit en beaucoup de choses, on peut défaillir en un point. Vous êtes lettré : votre jugement de lettré est toujours sûr ; vous avez même vu et admiré beaucoup d'œuvres d'art ; mais avez-vous étudié aussi avec grand soin les procédés et, si je puis dire, le métier du statuaire ? » Sans autre réponse, je me permets de me ranger du côté de Bouriché. Lui, il est statuaire. Pendant de longues années, à Angers et à Paris, à l'École des Beaux-Arts et dans les premiers ateliers, il a étudié avec grande ardeur et grand succès ce que vous l'accusez d'ignorer ou de négliger. Disons qu'il n'ignorait pas. Il ne négligeait pas non plus : il faisait nus tous ses modèles, prenant exactement ses proportions, puis il allait à tous les détails des membres, des muscles et à tout ce qui se dessine et s'accuse dans le corps humain. Ensuite il habillait son modèle. Pour qu'il y réussît si mal, aurait-il oublié d'apprendre à draper une statue ? Au besoin, il avait le mannequin devant lui et à quelles évolutions il le soumettait quelquefois pour obtenir le pli cherché ! Il ne négligeait pas, il n'ignorait pas.

Mais il se faisait de son art une idée qui n'est pas celle de nos critiques. La fin qu'il poursuit est de montrer la sainteté animant un être humain. La sainteté est dans l'âme ; elle en fait la beauté. Mais cette beauté et cette sainteté sont, en elles-mêmes, invisibles ; pour qu'elles apparaissent, il faut qu'elles rejaillissent et transpirent à travers l'enveloppe du corps. Le corps n'est que pour l'âme ; il est sa parole, son expression, il ne veut pas qu'on s'arrête à lui ; ainsi le mot n'est que pour la pensée. Il faut donc, autant que cela se peut, montrer l'âme plus que le corps.

Et le reproche qu'on fait à Bouriché, c'est de n'avoir pas fait au corps une part assez belle.

Qu'il ait trop obéi parfois à ses principes, qu'il n'ait pas toujours donné assez de vigueur aux membres, assez de richesse aux chairs de quelques statues ; qu'il en ait sacrifié un peu le côté purement humain, cela est possible. On a fait le même reproche à des œuvres de peinture qui resteront parmi les plus beaux modèles de tous les temps.

Mais que, là encore, Bouriché ne nous donne pas une œuvre suffisamment correcte qui élève l'âme et inspire la bonne pensée, c'est ce que nous ne pouvons admettre. Il nous serait moins possible encore d'admettre qu'on place sur des autels des types, très humains ceux-là, mais qu'on verrait plus volontiers dans un musée au milieu des divinités de l'Olympe. Ils ont du corps, ces personnages, ils ont du sang, de la vie, de la santé : ils en ont trop. C'est la nature épanouie, sans conteste, en elle-même, triomphante. Mais où y trouver le symbole de l'ascétisme chrétien ?

Pour conclure, je dirai que Bouriché a réussi, puisque le public a trouvé belles les œuvres qu'il lui a offertes. Les fidèles les ont comprises : ils ont été touchés, ils ont prié ; ils ont été édifiés et attirés à la vertu.

Son chemin de croix, pour ne citer que cet exemple, quels sentiments de pitié, de piété, de contrition, d'amour n'a-t-il pas excités ? C'est un livre ouvert et lisible pour tous ; avec quelle éloquence il parle ; « Ah ! disait une de ces bonnes âmes, nous ne savions comment nous exciter à la contrition ; maintenant nous n'aurons plus la même peine : nous n'avons qu'à regarder et à nous laisser toucher. »

L'œuvre de Bouriché est bonne. Qu'elle soit belle, plusieurs artistes qui s'occupent de statuaire religieuse le croient certainement. Il n'est pas rare, en effet, de voir exposées, comme ce qu'ils ont de plus beau, à la devanture de leurs magasins, des statues que l'on croirait sorties de ses ateliers. On a sans doute introduit dans les moules quelques variantes, mais elles sont à peine visibles. Ces saints, si proches parents de ceux de notre artiste, on les voit en bien des endroits, à Paris autant qu'ailleurs. Et, quand on pénètre dans le magasin, on constate que les plus beaux modèles sont ceux que l'on voit mis en évidence à la devanture et dont l'inspiration, tout au moins, vient d'Angers.

Ceux-là vont se récrier pour qui rien ne peut être beau que ce qui se fait à Paris, et qui croient avoir relevé suffisamment leurs acquisitions quand ils ont dit : « Cela vient de Paris ».

La fascination n'est pas près de finir.

CHEMIN DE CROIX, DE BOURICHÉ, XIVe STATION

XII

L'ÉPREUVE

Les choses allaient bien à l'atelier : les commandes étaient venues aussi nombreuses qu'on le pouvait désirer et, à force de vigilance et de travail, Bouriché était arrivé à s'acquitter à peu près de ses dettes. Il était content.

Ce qu'il avait su conquérir aurait dû lui persuader de continuer paisiblement son œuvre sans se donner ces soucis d'argent qui avaient pesé sur tout son passé. Mais où trouver l'artiste, même très sage, qui pourra s'adonner à mener une vie monotone et sans incidents ? Bouriché était artiste ; il avait donc à se jeter dans une nouvelle entreprise.

Depuis longtemps, il était obsédé d'une

idée qu'il écartait comme irréalisable, mais qui revenait toujours. Sa tentation était d'avoir une galerie, une grande et belle galerie vitrée qui, devant l'atelier, serait un ornement et, faisant retour de chaque côté du jardin, l'encadrerait aux trois quarts. Il y exposerait toutes ses statues qui pourraient être vues par les passants de la rue de Bel-Air.

Cela serait beau. Oui, mais cela serait cher. Or, s'il n'avait plus de dettes, il n'avait pas d'avances. Combien d'années lui faudrait-il se gêner pour se libérer de cette charge nouvelle ? Irait-il, lui aussi, jusqu'au bout, sans prendre ses précautions ? La vieillesse déjà s'approche ; ne sera-t-il point, bientôt peut-être, réduit à vendre, pour vivre, ce qu'il a conquis avec tant de peine et lui tient tant à cœur ?

Il se faisait ses objections ; elles étaient sérieuses et il hésitait.

L'amour de l'art fut plus fort. Les plans et les ordres furent donnés aux ouvriers.

Les travaux marchèrent rapidement : bientôt la construction fut achevée, et tout fut disposé et préparé selon les idées et les désirs du maître.

Elle est vraiment belle cette galerie, très grande, très élevée, parfaitement éclairée. Tout de suite, elle fut remplie à double et triple rang de statues posées sur des piédestaux mobiles faits en bois, ou fixées sur les murs et reposant sur des consoles. Des allées sont ménagées qui permettent de circuler à l'aise et de tout voir. C'est un musée fait pour plaire et pour édifier.

Bouriché aurait dû être au comble de ses vœux ; avec tout le reste, il avait sa galerie tant et si longtemps désirée. Hélas ! c'est le contraire qui arriva ; la fameuse galerie, il l'accusait plutôt d'être la cause de ses malheurs. Et n'est-ce pas trop souvent qu'il en est ainsi dans notre monde ? Des bonheurs qui se faisaient entrevoir dans l'avenir mentent à leurs promesses et n'apportent à leur place qu'amères déceptions. Plaise au Ciel que, à l'heure de ces épreuves, au lieu de nous laisser abattre et porter à la révolte, nous nous soumettions avec douceur et baisions avec amour la main qui nous frappe !

C'est ce que fit Bouriché au moment critique où nous voici tout à l'heure arrivés.

Mais, avant d'être touché par la main de Dieu, il se fit à lui-même un grand tourment. La moindre de ses peines lui venait des inquiétudes que lui donnaient les frais de la construction de sa galerie et les autres que nécessitèrent l'installation et la bonne disposition des choses ; ce qui le faisait surtout souffrir, c'étaient les troubles de sa conscience. Il s'accusait de s'être laissé conduire par l'amour-propre et d'avoir obéi à des envies de luxe, à des ambitions de vaine gloire. Et puis, cet argent qu'il avait sacrifié à sa passion, combien il eût été mieux employé s'il l'avait consacré aux bonnes œuvres et au soulagement des pauvres !

Nous avons la confession du coupable ; mais quelle a été la gravité de sa faute ? Ce serait donc, à ce couronnement de son œuvre, de s'être laissé prendre à quelque sentiment de vaine complaisance, de s'être trop reposé en lui-même, d'avoir pensé à une gloire humaine qui pourrait lui revenir. Mais est-ce chose si criminelle, est-ce même chose évitable que cette attention à soi-même, surtout chez un artiste qui voit le beau naître de son inspiration et sortir de ses mains ? Cette faute, enfin, serait-ce de n'avoir pas fait aux pauvres leur part assez large ? Mais quand nous saurons ce qu'il leur donnait, il n'y aura plus de place au doute.

Nous serons peut-être conduits à nous demander si notre pénitent n'est point simplement un scrupuleux, de conscience indécise et craintive, qui voit le mal où il n'est pas et se fait peur de chimères ? Non, Bouriché n'était point un scrupuleux : sa conscience était droite et éclairée ; mais, en même temps, elle était d'une telle délicatesse que l'ombre du mal lui faisait peur. A l'exemple des saints qui s'exagèrent leurs fautes, il se faisait trop coupable.

Il allait jusqu'à regarder comme un châtiment mérité le grave accident, le grand malheur qu'il va nous raconter dans un instant.

Pour nous, si nous y voyons une très douloureuse épreuve, nous y voyons aussi, bien clairement, une conduite de Dieu, pleine de bonté envers une âme d'élite qui est tout spécialement aimée. C'est, en effet, à partir du moment où il fut frappé, que sa vie, déjà si chrétienne, prit ses beaux accroissements pour devenir, dans le sacrifice de ce qui lui était le plus cher, une vie de plus grande ferveur et de vraie sainteté.

Je serais heureux, si ce qui me reste à exposer pouvait faire la preuve de ce qui est chez moi une conviction.

Ce fut à une visite du dimanche, qui n'annonçait rien d'extraordinaire, que j'appris ce qui était arrivé. Je n'avais pas fait attention à l'embarras de Bouriché, pour trouver un siège ; aucun bandeau ne m'avertissait de sa blessure. J'appris tout de sa bouche.

« Nous avions fini, il y a trois jours, me dit-il, de mettre tout en place et en ordre dans la galerie. Il ne nous restait plus qu'à élever les statues du Calvaire et à les fixer au mur du fond qui leur avait été réservé. Les ouvriers étaient occupés à dresser le Christ en croix ; d'en bas je leur faisais signe d'incliner à droite et à gauche, quand, tout à coup, à l'instant où je regardais la main droite du Christ, il se fit une *cassure* dans mes yeux et je cessai de voir le Christ, et les ouvriers. Je frottai un œil, je frottai l'autre, croyant à un obscurcissement passager ; la lumière ne revint pas, ou plutôt elle resta diminuée comme au moment de la rupture. Et voilà trois jours que cela dure. Je vois encore un peu pour me conduire, mais je dois marcher avec précaution et il faut que mon bâton m'avertisse des inégalités du chemin. Le docteur Dezanneau ne sait que penser : il a l'air inquiet ».

Je n'ouvris pas la bouche pendant ce récit. J'éprouvais un sentiment mêlé de tristesse, d'étonnement et d'admiration. J'avais devant moi un homme qui me racontait un malheur subit, probablement irréparable, un malheur qui serait la ruine de toutes ses espérances et de tout son bonheur ; il faisait cela le sourire sur les lèvres, du ton le plus calme, sans que sa voix tremblât, sans une parole amère, sans rien qui parût troubler la parfaite tranquillité de son âme. J'aurais entendu des soupirs, j'aurais vu des yeux remplis de larmes, s'il m'avait appris le malheur d'un ami ou même d'un inconnu.

La conversation ne fut pas longue : l'heure des vêpres approchait et il allait y assister. Pour moi, j'avais besoin d'être seul .

Après quelques jours d'hésitation, le docteur Dezanneau, le très habile chirurgien, se voyant en présence d'une situation qui exigeait une opération périlleuse, n'osa pas la tenter.

Il recommanda son malade à un spécialiste de Paris et le lui envoya.

En arrivant, Bouriché se rendit d'abord chez M. Delorme, statuaire distingué, son vieil ami et camarade à l'École des Beaux-Arts. M. Delorme fut très affligé de le voir en si triste état et voulut le garder chez lui pendant son séjour à Paris. Bouriché accepta de bon cœur l'hospitalité qui lui était si cordialement offerte.

Le lendemain, il se rendit à l'adresse qui lui avait été indiquée par M. Dezanneau. A son retour il me fit le récit de ce qui s'était passé : « Je fus introduit dans un salon où beaucoup de malades attendaient. Lorsque mon tour fut venu, on me fit entrer dans le cabinet où devait se faire l'opération. On m'installa dans un fauteuil à oreilles ; les oreilles se rapprochèrent et me renfermèrent la tête comme dans un étau ; on me tint les yeux ouverts ; un coup de bistouri fut donné et on me banda les yeux ».

Le récit est sans doute trop sommaire, car il ne fait pas mention de l'examen très attentif qui dut être fait de l'état de ses yeux. A la vérité pourtant, Bouriché paraissait en douter : il n'y aurait eu dans le cabinet que quelques jeunes gens qu'il prit pour des élèves de l'oculiste et l'opération aurait été faite comme à la volée.

On le retint trois ou quatre jours à la clinique. M. Delorme, qui ne s'en doutait pas et qui comptait le voir immédiatement après l'opération, ne savait ce qu'il était devenu et était très inquiet. Il me racontait, bien des années plus tard, qu'il se disposait à aller prévenir le préfet de police de la disparition de son ami, quand on le ramena à sa maison.

Lorsqu'à son retour, M. Dezanneau vit ce qui avait été fait à Paris, il fut consterné.

J'allai lui demander des nouvelles. Il me répondit, tout en colère : « On a massacré notre pauvre Bouriché : un œil est entièrement perdu et l'autre est dans le plus grand danger. Je saurai dans quatre ou cinq jours si nous pouvons lui conserver un peu de lumière et je vous l'annoncerai ».

Au quatrième jour, M. Dezanneau était tout à la joie : « Oui, me dit-il, il verra. Oh ! bien peu, mais enfin, il verra ». Et comme il était joyeux, le bon docteur, de pouvoir affirmer que notre ami ne serait pas tout à fait aveugle !

C'est que, pour lui, Bouriché n'était pas seulement un client ; c'était un ami qu'il aimait d'amitié. Et Bouriché le payait de retour par une affection respectueuse et une très vive reconnaissance.

Le médecin ne voulait pas recevoir d'honoraires, mais l'ami ne pouvait refuser l'offrande de quelque jolie statuette qui lui était faite de temps en temps.

M. Dezanneau avait près de chez lui,

dans la cour Saint-Laud, une maison où il recevait ses malades qui avaient besoin d'une surveillance spéciale, ou auxquels il devait faire quelque opération. Les religieuses de Saint-Charles en avaient le gouvernement. Bouriché y passa quelques semaines. Ce fut assez pour inspirer aux bonnes sœurs un sentiment de vénération qui était une sorte de culte. De son côté, Bouriché n'avait point assez de louanges à donner à ses très bonnes et très charitables infirmières.

Après sa petite guérison, il retourne à sa maison de la rue de Bel-Air, où il commence une vie bien différente de celle qui avait précédé. L'artiste ne peut plus se donner à l'art qu'il aimait ; il ne peut plus même lui rien donner : pas une leçon à ses élèves, qu'il a fallu congédier ; pas un conseil à ses ouvriers qui n'auront que leur conscience pour les guider dans la reproduction de ses œuvres ; ses œuvres, il ne pourra plus les voir assez pour qu'elles réveillent tant de souvenirs, tant d'émotions qui ont charmé les jours passés, ces jours, il le savait, qui ne reviendront plus.

Quelle tristesse, nous dirions-nous, et quel découragement dans cette âme si enflammée de l'amour du beau, si ardente et si passionnée pour son travail !

Eh bien, il faut nous détromper : si le désir de le consoler dans son infortune vous fait entrer avec crainte dans sa demeure, vous serez bientôt rassurés. Bouriché, à votre arrivée, vous accueillera avec le même bon sourire qu'autrefois.

Lui parlez-vous de son grand malheur, de la peine qu'il doit en avoir, du chagrin que cela cause à vous et à ses amis ? Aimablement il vous remerciera et vous assurera qu'il n'a ni chagrin ni inquiétude, que ce qui est arrivé, c'est le bon Dieu qui l'a ainsi ordonné et qu'il a bien fait ce qu'il a fait.

Il n'a donc aucune plainte à faire, aucun regret à exprimer ; sa volonté est toute dans la volonté de Dieu qu'il aime au-dessus de tout : il est en paix ; il est joyeux. C'est sa disposition d'aujourd'hui ; ce sera sa disposition de demain. Pendant plus de vingt ans, après son malheur, je l'ai vu souvent, quelquefois bien longuement : j'ai interrogé ceux qui vivent avec lui tous les jours et, pour ainsi dire, à toutes les heures, et ni moi ni personne n'avons pu entendre sortir de sa bouche une parole de mécontentement ou de mauvaise humeur.

Un autre accident qui suivit d'assez près nous fait bien voir quel était l'état de cette âme. Il s'était fait à l'arcade sourcilière une plaie profonde qui avait amené une enflure considérable de toute la région environnante. Quand je le vis ainsi meurtri et défiguré, sa blessure me fit peur : « Rassurez-vous, me dit-il, ce n'est rien. Mais admirez la divine bonté : si le coup avait porté un petit peu plus bas, ce qui me reste de vue était perdu et j'étais aveugle pour toujours, car c'est l'œil qui voit encore qui a été menacé. Que Dieu est bon qui m'a protégé !

Il me raconta ensuite comment cela s'était fait. « J'étais dans l'atelier, tenant à la main un instrument ,que je laissai tomber. Je me précipitai pour le saisir au vol. A mes pieds était un bloc de pierre que ma mauvaise vue me faisait croire bien plus bas qu'il n'était et je me heurtai violemment à cette pierre... Voyez donc combien est grande la divine bonté qui m'a préservé et me permet de jouir encore de la lumière ! »

Il acceptait de même avec une douce et aimable résignation tout ce qui le faisait souffrir. On l'a vu malade jusqu'à faire croire qu'il allait mourir ; il supportait avec une parfaite égalité d'humeur les douleurs et les incommodités de la maladie ; volontiers il eût ouvert les bras à la mort.

Pendant de longues années, probablement jusqu'à sa mort, tout son corps, sauf le visage et les mains, fut semé de petites plaies vives et cuisantes qui, jour et nuit, surtout à la saison chaude, lui faisaient endurer un supplice continuel ; c'était une sorte de dartre ou d'eczéma qui l'enveloppait comme d'un cilice ou d'une haire dont il ne pouvait se dépouiller. Malgré cela, il travaillait avec une facilité et un entrain qui empêchaient de soupçonner le moindre malaise. Il ne s'en plaignait point : il n'en parlait point. Cette misère était acceptée avec le même cœur que les autres.

Réduit par sa quasi-cécité à l'incapacité de continuer ses travaux et même de diriger ses ouvriers d'une manière utile, notre pauvre artiste se trouva fort en peine. Il continua quelque temps encore, à l'aide d'élèves qu'il avait formés, à faire marcher sa maison et à répondre aux demandes qui lui étaient faites ; mais, peut-être par un scrupule de conscience, il se dit que cela ne pouvait pas durer ainsi et il choisit pour lui succéder un homme qui avait longtemps travaillé avec lui, parce qu'il le croyait le plus capable de suivre les traditions qu'il désirait voir se conserver après lui. C'est à M. Rouillard qu'il donna la préférence, assuré qu'il était de ses bons sentiments et du zèle qu'il mettrait à faire prospérer une œuvre qui lui était si chère.

Un bail à longue échéance accorda à M. Rouillard la jouissance des ateliers et de ce qu'ils contenaient, avec le droit de reproduire les modèles, de faire usage des moules, en un mot de tout exploiter comme s'il était propriétaire. Mais, après quelque temps, ce bail fit place à un autre contrat : Bouriché voulut se dessaisir de la propriété même et il vendit tout ce qui lui appartenait à M. Rouillard, se réservant le droit d'habiter sa maison sa vie durant.

Le sacrifice était accompli. Ce ne fut pas sans un sensible serrement de cœur qu'il vit brisés tous les liens qui l'attachaient au passé, à sa vie d'artiste, aux jouissances pures qu'elle lui avait données. Il aurait pu se nourrir encore de belles espérances, si sa vue était restée saine, puisque, pendant plus de vingt ans encore, il a joui d'une santé et d'une liberté d'esprit qui lui auraient permis de travailler comme il le faisait quand il était dans la force de l'âge ; avec quel bonheur il recommencerait !

Oui, cela est vrai ; mais il est vrai aussi, et je le répéterai encore, que le sentiment de l'inévitable tristesse a été surmonté par la franche et héroïque acceptation de l'épreuve. Il mit en Dieu toute sa confiance et s'arma d'un grand courage pour entrer dans cette voie nouvelle et obscure où il devra maintenant marcher. Mais à quoi donnera-t-il sa vie ? et comment se garantir contre l'ennui s'il lui faut rester inactif et désœuvré ? Il comprit qu'il y avait là un péril pour lui et il chercha et trouva le moyen de l'éviter. Bientôt nous verrons que ses journées sont presque exclusivement remplies par les œuvres de la piété et de la charité ; aujourd'hui, il croit qu'il est de son devoir de joindre à ces œuvres

VIERGE TRIOMPHANTE SEDES SAPIENTÆ

DE BOURICHÉ

un travail qui aura quelque utilité temporelle et il l'entreprend. Mais c'est encore pour la charité qu'il travaillera.

Bouriché a été charpentier ; le charpentier n'a pas besoin d'avoir les yeux aussi clairvoyants que le statuaire ; il se remit donc à son premier métier et reprit la scie et le rabot. Pendant plusieurs années, son occupation de tous les jours fut de préparer les caisses d'emballage nécessaires à l'expédition des statues et des autres sculptures qui sortaient de l'atelier. Quand les caisses étaient prêtes, il faisait l'emballage, besogne dont il s'acquittait mieux que personne [1]. Et c'était plaisir de le voir à cette occupation, tant il y mettait de goût ! Je ne sais combien de temps il donna à ces travaux ni pour quelle cause il les abandonna ; ce fut probablement pour obéir aux conseils du médecin qui avait ordonné de sortir et de se promener au grand air.

[1] « Je gagne ainsi ma journée, disait-il. C'est, chaque jour, une économie d'au moins trois francs pour mon successeur. »

XIII

DURANT L'ÉPREUVE

Jusqu'à ce moment la vie de Bouriché à Angers a été à peu près celle d'un solitaire qui ne sort de son cloître que le moins possible. Il était bien obligé d'ouvrir sa solitude aux personnes qui avaient à lui faire quelque demande et aussi à quelques amis qui s'intéressaient à ses œuvres ; mais au dehors il avait peu de relations et faisait peu de visites.

Les fêtes de l'Église étaient ses fêtes ; il n'en connaissait point d'autres. Jamais on ne le vit mêlé aux assemblées et aux divertissements des mondains. Son attrait était pour l'Église et pour les choses de l'Église : aucun office auquel il n'assistât.

Le chant, les cérémonies, les prédications, les processions, tout lui plaisait et l'attirait. Et partout il donnait le bon exemple par sa tenue modeste, par son recueillement et sa piété. C'est à l'église de sa paroisse qu'il aimait surtout à se rendre : il voulait être un bon et fidèle paroissien. Voilà ce que tout le monde a pu voir à Angers.

Le dimanche, dans la soirée, il allait visiter quelques amis. Il faisait aussi, mais rarement, le voyage de Chemellier pour voir sa famille. Maintenant qu'il a abandonné son établi et son travail de charpentier pour faire ses excursions dans la ville et dans les environs de la ville, il va donc abandonner aussi sa vie d'ermite ? Non. Ce qui va suivre nous le prouvera.

Pendant les vacances de 1902, je passai toute une semaine à l'École Saint-Aubin, sur ce rocher du Bout-du-Monde où j'ai pris l'habitude de revenir depuis plusieurs années : on vous y offre une hospitalité si aimable et si douce ! De cette hauteur, la vue s'étend sur de si gracieux spectacles ! Est-il étonnant que les beaux-arts et les belles-lettres aient choisi ce lieu pour en faire leur séjour ?

Vingt ans plus tôt, Bouriché se serait trouvé là bien à sa place ; maintenant, ces riants horizons et toutes ces beautés qui s'étalent ne le touchent pas, ne lui parlent pas. Il y venait pourtant tous les jours, pendant que j'y étais, et nous avions, à tous deux, de longues et très amicales conversations. Bien souvent, dans le passé, j'avais reçu ses confidences ; jamais elles n'avaient été aussi intimes que dans ces moments. Je les livre sans scrupule parce que ceux qui sont dans le ciel ne se troublent point de ce qu'on pense d'eux sur la terre. Bien des choses racontées dans ces pages me furent dites alors. Il m'exposait aussi, avec grand abandon, comment s'écoulait sa vie de maintenant, l'emploi qu'il faisait de ses journées, les difficultés qui se rencontraient, ses joies et ses tristesses, les inquiétudes que lui donnaient tant de grâces qu'il recevait et son peu de progrès dans l'amour de Dieu et du prochain.

Un jour, il me parlait de la sainte communion. Il est depuis plusieurs années à la communion de tous les jours. Ce ne fut pas sans peine qu'il fut amené à cette pratique.

Je le vois encore entrant dans ma chambre assez peu de temps après son retour à Angers. Il paraissait troublé. Je lui demandai s'il lui était arrivé quelque chose de fâcheux. « Oui, dit-il, je suis dans un grand émoi. Pourriez-vous croire que M. le Curé de Saint-Joseph veut que je communie tous les huit jours ? Un homme comme moi ! J'ai eu beau dire pour me défendre, il le veut absolument. Un homme comme moi ! » Le curé de Saint-Joseph, son confesseur, était alors le sage et prudent M. Lasne que tout le monde vénérait comme un saint. Il devina cette âme et

VI
Ste VERONIQUE ESSUIE LA FACE DE JESUS

comprit qu'elle était appelée à une perfection plus grande que ne l'est celle de la vie ordinaire d'un bon chrétien. Bouriché obéit et se mit, en tremblant, à la communion de chaque semaine.

Ce n'était que le commencement des épreuves auxquelles furent soumis ses scrupules et son obéissance. Après la mort de M. Lasne, il eut d'autres directeurs : et ceux-ci, loin de lui permettre de reculer, l'amenèrent peu à peu à la communion quotidienne. « Oui, me disait-il sur la terrasse de Saint-Aubin, je communie tous les jours. Mais que c'est grand'pitié ! Je suis si ignorant ! Je n'ai rien à dire à Notre-Seigneur. Et puis, je suis si sec ! Enfin je me livre et m'abandonne à Lui ».

Il reconnaissait pourtant qu'il était très redevable à la communion de chaque matin ; et, chose singulière, c'est en se plaignant beaucoup de ses confessions, qu'il laissait voir en lui un des meilleurs effets de la communion quotidienne.

« Je me confesse tous les quinze jours, disait-il, mais quelles confessions ! C'est un tourment pour moi que d'avoir à m'y préparer. J'ai beau examiner et me creuser longtemps la tête, je ne trouve aucune faute à déclarer. Cela vient sûrement de mon ignorance... Il faut dire aussi, ajouta-t-il, que la sainte communion y est pour beaucoup. Vous pensez bien, dès que quelque chose se présente à moi avec quelque apparence de mal (ici un grand geste), je l'écarte aussitôt et le renvoie loin de moi. Je me dis : « J'ai communié ce matin, je communierai demain » et cette pensée me protège et me défend ».

Je lui demandai une autre fois s'il mettait quelque ordre dans l'arrangement de ses journées. Il me répondit : « Je me lève à quatre heures, en hiver comme en été. Parce que mon ignorance m'empêche de méditer, je fais des prières vocales et je récite mon rosaire (les trois chapelets) avant de sortir de ma chambre. Je me rends alors à l'église Saint-Laud, ma paroisse [1]. Si la porte n'est pas ouverte, j'attends un moment. En entrant, je fais mon chemin de Croix. Parfois les fidèles sont nombreux à l'église et, pour ne pas les gêner, je l'omets. Ensuite, j'assiste à une première messe, à laquelle je communie, puis à une autre en action de grâces. Après cela, je rentre à la maison pour prendre le petit déjeuner. Quand je ne suis pas empêché, et c'est l'ordinaire, je me rends à la cathédrale pour assister à la messe du Chapitre.

« Après la cérémonie, je reviens et je prends mon déjeûner. Cela fait, je prends mon bâton et je pars. Mes courses sont quelquefois très longues ; je suis pourtant obligé de les abréger, maintenant que mes jambes se fatiguent. Lorsque le temps est favorable, je m'assieds dans un petit coin, à l'ombre d'un arbre ou d'un buisson. Ceux qui me voient me prennent pour un men-

(1) En quittant la rue de la Madeleine, il était entré dans la paroisse Saint-Laud.

diant ; à d'autres je fais peur ; moins souvent, depuis que j'ai fait raccourcir ma barbe. Revenu au logis, je me repose un peu ; et arrive l'heure du dîner. Après le peu de temps que cela dure et pendant que Perrette s'occupe de sa vaisselle et remet tout en ordre, nous récitons à tous deux le rosaire. Je dis : *Je vous salue, Marie...* et Perrette répond : *Sainte Marie...* Après cela, je remonte dans ma chambre ; je récite ma prière et je me couche de bonne heure. »

« A quoi pensez-vous, lui demandai-je, pendant vos longues promenades ? — Eh bien, je récite force chapelets ; mais de combien de distractions cela est rempli ! Elles ne me viennent pas des connaissances que je rencontre : je ne reconnais personne ; mais elles me viennent de partout ; du passé, du présent et de l'avenir, surtout du passé. »

En effet, dans nos conversations, il m'a dit bien souvent qu'il aimait à revenir à ses souvenirs : à ceux de son enfance, qui le charmaient, et de sa jeunesse ; puis il se suivait, au cours du temps, dans ses diverses situations, revivant, pour ainsi dire, toute sa vie et se la redisant, un chapitre après l'autre. Toute autre lecture lui étant à peu près interdite, il trouvait une occupation à tourner ainsi les feuillets de sa propre histoire. Il y revenait facilement parce que ses souvenirs ne lui faisaient guère de reproches et que c'était bien plutôt avec un cœur attendri et plein de reconnaissance qu'il s'entretenait de lui-même.

Il avait, pourrait-on dire, conscience d'avoir été accompagné partout et protégé par une Providence très attentive et toute paternelle. Et, pour cela, il se croyait toujours en dette d'action de grâces envers la divine Bonté.

Ainsi, selon la recommandation de l'Apôtre, il avait sa conversation dans le Ciel, avec Dieu et avec les saints. Et lui, qui se plaignait de ne pouvoir méditer à cause de son ignorance, on pourrait croire plutôt que sa vie était une sorte de méditation et d'oraison continuelle.

Cette âme douce et aimante était ouverte à toutes les affections naturelles et légitimes. A celles de la famille d'abord. Il perdit bien jeune son père et sa mère, mais il en garda, toujours vivant, un pieux souvenir, mêlé d'une tendresse mélancolique et d'une confiance qui le consolait. Résignés et patients, pendant leur vie, chrétiens toujours, mourant munis des sacrements et de tous les soins de la Sainte Église, ses chers parents pouvaient-ils n'être pas au Ciel ?

Il ne lui restait que sa sœur avec laquelle il vécut toujours dans une parfaite union et une amitié toute fraternelle. Dès qu'il le put, il vint très libéralement à son aide. Elle se maria à Chemellier, dans sa condition, d'une manière très convenable. Il continua de la protéger après son mariage, veillant aux intérêts et à la prospérité de son ménage avec une attention dont il fut bien récompensé : il eut en effet le bonheur de la voir jouir d'une aisance que ni lui ni elle n'avaient connue sous le pauvre toit de leurs parents. Il l'accompagna ainsi, jusqu'à la fin, de son affection et de ses soins.

Elle laissa, en mourant, une fille qui hérita auprès de son oncle de la même bienfaisante protection ; et ses enfants, les petits neveux du vieil oncle, trouvèrent toujours en lui le cœur d'un tendre aïeul.

Bouriché, avant de mourir, eut la consolation de voir sa chère famille, non pas dans une position brillante et de grande fortune — l'eût-il pu, il n'aurait pas voulu la faire sortir de sa condition d'honnêtes travailleurs —, mais il la laissait bonne, bien chrétienne et à l'abri du besoin. Si elle avait fait peu à peu des progrès, si elle avait réussi à s'établir dans ce bel état, il y avait eu sa bonne part et il s'en félicitait.

Mais, en ceci, il agissait encore en chrétien, consultant Dieu plus que le penchant de son inclination naturelle, faisant tout avec sagesse et discrétion, toujours d'après l'avis d'hommes qui avaient sa confiance. Les siens, de leur côté, l'aimaient comme ils en étaient aimés. Ils lui faisaient leurs visites, le recevaient avec grande joie et lui témoignaient de leur mieux leur affection et leur reconnaissance.

On m'a dit qu'à Chemellier, il jouissait de l'estime de tous ; on était heureux de le voir ; partout où il paraissait, il était salué avec grand respect, et, dans ses dernières années surtout, on le vénérait comme un patriarche. C'est le grand homme du pays. On se serait procuré déjà son buste ; mais ce n'est pas assez ; on voudrait lui élever une belle statue sur la grande place du village. Le cher homme, qu'eût-il pensé, qu'eût-il dit, s'il avait entendu parler de pareils projets ?

Et pourtant elles ne manquent pas, les statues qui sont consacrées partout de nos jours à la gloire de héros assurément moins dignes que lui d'un pareil honneur.

Elle est pure, elle est belle, la mémoire qu'il laisse à ses chers compatriotes. Son souvenir ne sera jamais pour eux qu'une leçon de vie honorable, laborieuse et parfaitement chrétienne.

Les bons exemples ne sont pas le seul bienfait que Bouriché ait laissé à ses compatriotes ; ils le savent et pourraient en rendre témoignage. Mais il en est un dont je dirai un mot parce qu'il est public, durable et à l'avantage de tous. Dans une paroisse chrétienne, l'église n'est-elle pas le bien commun des fidèles? Ils sont heureux de la voir belle ; ils sont humiliés, si elle ne peut soutenir la comparaison avec les autres églises du voisinage.

Bouriché comprenait ces sentiments ; il les partageait et il désirait que l'église de Chemellier fût aussi belle que possible afin qu'elle fût aimée, plus fréquentée et que Dieu fût plus honoré. J'ignore quelle part il eut aux frais de la construction ; mais ce qui paraît à tous les yeux, c'est la riche ornementation dont elle est décorée par ses belles statues et surtout par le grand et magnifique chemin de croix que tout le monde admire. L'auteur se fit un devoir et un bonheur d'en faire l'offrande à l'église et aux paroissiens de Chemellier. Et ainsi la beauté de ce petit monument lui vient en grande partie des œuvres de l'artiste qui est né dans ce pays qu'il a toujours tant aimé.

A sa famille et à ses compatriotes de Chemellier, il associait dans son affection et ses largesses les parents de sa femme, qui lui avait été enlevée si jeune et dont il gardait le plus doux souvenir. Ils habitaient les uns dans le Morbihan, à Hennebont, les autres à Paris.

D'un côté comme de l'autre, on n'était pas riches. Quand lui arrivait une lettre de quelqu'un d'entre eux, avant de l'ouvrir, il devinait presque à coup sûr ce qu'elle contenait : c'était, pour l'ordinaire au moins, l'exposé d'un besoin dont on ne pouvait se tirer. Cette pauvreté n'était point pour le détourner de ses alliés ; auprès de lui c'était plutôt une recommandation. Il est resté avec eux, tant qu'ils ont vécu, en relations constantes. Ceux de Bretagne venaient le voir à Angers : il les recevait cordialement et les hébergeait pendant tout le temps de leur séjour. Il fit même le voyage d'Hennebont pour voir comment ils étaient chez eux et en témoignage de sa sympathie. Une belle-sœur qui était à Paris lui faisait de temps à autre savoir qu'elle était bien malheureuse, n'ayant rien pour se soigner dans l'état de maladie et d'infirmité où elle languissait. Il lui envoyait des secours ; mais pour qu'elle ne fût point tentée d'abuser de sa bonté, il pria M. le curé de la paroisse où elle habitait de vouloir bien lui faire passer ses aumônes par des personnes charitables qui les proportionneraient à ses besoins.

Son autre belle-sœur était avec lui : c'est Marie-Jeanne dont, me semble-t-il, il faut parler un peu longuement à cause de ce qu'elle a été pour Bouriché.

A la mort de sa sœur, elle vint s'offrir à lui pour tenir son ménage et se mettre à son service. C'était la personne qui lui convenait. Elle entra simplement sans qu'il fût question entre eux, ni alors ni plus tard, d'aucune espèce d'arrangement. Ainsi arrive-t-il souvent quand un frère et une sœur continuent à vivre ensemble après la mort de leurs parents.

Ceux qui ont vu Marie-Jeanne d'un peu près ne peuvent l'avoir oubliée. Cette petite Bretonne était vraiment et purement bretonne, sauf qu'elle n'était pas tout à fait bretonnante : elle parlait le français comme devaient le parler, il y a 80 ans, les paysans des environs d'Hennebont. Elle ne changea jamais rien au costume de son pays, ni à son caractère. Sa franchise se lisait dans ses grands yeux bleus et dans toute l'expression de son visage. Elle était vive, alerte, travailleuse jusqu'à aller quelquefois au delà de ses forces. Les recommandations et les remontrances ne la corrigeaient pas. Elle veillait à tout, s'occupait même de choses qui ne la regardaient pas ; car elle était curieuse et voulait dire son mot sur tout. Elle n'était pas maîtresse, elle ne commandait pas ; elle ne gouvernait que les choses de son département, la cuisine et le ménage ; mais la bonté du maître lui faisait croire que son autorité allait bien plus loin et, très innocemment, elle était fière de son importance. Pour elle, le maître était simplement le beau-frère ; elle ne l'appelait que « Henri », avec les habitués de la maison.

Cette familiarité toutefois n'enlevait rien au respect, moins encore à l'affection. A ses yeux, Henri était le meilleur de tous les hommes et le plus grand des artistes.

Aussi se plaignait-elle souvent qu'il ne se fît pas payer plus cher. « Henri se ruine, disait-elle d'un ton dolent et la larme aux yeux. Vous verrez qu'il tombera dans la misère. »

Le bon Henri la laissait dire et entendait avec bonhomie ses doléances et ses reproches, ce qui lui faisait croire qu'elle l'avait converti. Mais cette conviction ne durait pas longtemps et les petites scènes recommençaient, toujours avec le même résultat.

Bouriché était très sensible à l'affection et aux soins que lui prodiguait sa belle-sœur ; des deux côtés le dévouement était égal. Il permettait à Marie-Jeanne de donner ses conseils et de faire ses prophéties de malheur, mais savait agir en maître sans parler en maître, et la paix régnait entre eux.

Tous deux, d'ailleurs, étaient unis par les sentiments d'une foi et d'une piété commune et l'accord fut longtemps parfait. Mais vint un temps où cette douce entente fut troublée, Marie-Jeanne était de plusieurs années plus âgée que son beau-frère ; la vieillesse arriva et affaiblit ses forces, celles de l'esprit comme celles du corps. Elle ne pouvait plus suffire à la besogne nécessaire et avait plutôt besoin d'être servie. Elle n'en convint jamais ; jamais, non plus, elle ne voulut permettre qu'une autre personne fût admise dans la maison. C'était une rivale qui allait s'introduire et elle n'en voulait pas. Il le fallut pourtant ; et Perrette entra. On devine quel accueil lui fut fait. Jamais elle n'eut un mot de Marie-Jeanne, mais seulement des regards de dépit et de colère. La bonne Perrette n'avait qu'un désir, celui de lui être agréable et de lui rendre tous les services. Rien ne fut accepté.

Défense fut faite d'approcher, de parler, de rien offrir. Ici trouverait sa place un des articles les plus touchants et les plus édifiants de la vie de Bouriché ; mais comment l'écrire ? Il suffirait peut-être de dire qu'il remplit auprès de sa pauvre belle-sœur l'office d'une bonne d'enfant. C'était l'enfance, en effet, qui était venue, la seconde enfance, souvent plus difficile et toujours plus pénible à gouverner que la première. Bouriché en fit l'expérience ; expérience qui se prolongea longtemps, sans lasser ni sa patience ni sa douceur.

Bouriché pleura sa belle-sœur ; il la regretta toujours. Et ceux qui ont connu cette union si pure, si dévouée et si fraternelle, en garderont un aimable souvenir.

Sa famille et ceux qui le touchaient de plus près n'étaient pas seuls à éprouver les effets de son bon vouloir : sa disposition à obliger et à faire du bien ne faisait d'exception pour personne, pas même pour ceux qui l'avaient desservi ou offensé.

Ce n'est pas qu'il fût insensible à la contrariété, elle le touchait vivement et il avait à se faire grande violence pour se contenir. Ceux qui vivaient avec lui l'ont vu, en maintes circonstances, se serrer les poings avec force comme pour comprimer l'humeur prête à s'échapper dans les occasions critiques. C'est la vertu, et non l'apathie du tempérament et du caractère, qui le maintenait dans sa modération et sa douceur.

Ces occasions, qui mettaient sa patience à de difficiles épreuves, venaient de plusieurs côtés ; mais il les trouvait surtout dans ses ateliers. Il y avait là une réunion d'hommes tous appliqués à des travaux d'art ; l'âge, le talent, les dispositions, les opinions, n'étaient point les mêmes ; il s'en faut. Aussi la discorde se mettait souvent entre eux, excitée par des rivalités jalouses ou par l'opposition des idées et des caractères. D'autres fois, c'est le travail qui était manqué et perdu pour le maître : en tous ces cas, on le voyait le même, reprenant, gouvernant avec une autorité toujours respectée parce qu'elle agissait avec une équité et une loyauté parfaites.

Si un ouvrier avait réussi à se faire admettre sans avoir les qualités qu'il exigeait, après une patiente expérience, il lui donnait le congé, mais il le faisait avec des paroles et des précautions qui empêchaient les plaintes et calmaient les émotions de la susceptibilité. Je sais que quelques-uns, en sortant de sa maison, ne se sont pas loués de tous les camarades qu'ils y avaient rencontrés ; je n'ai pas appris qu'un seul ait eu quelque grief sérieux à articuler contre le patron. C'est que, en effet, à l'égard de tous, il était franc, loyal et, surtout, bon et généreux. Aussi les ouvriers restaient-ils ordinairement de longues années dans sa maison.

C'était le même esprit large et facile dans ses relations d'affaires. Ses débiteurs le trouvaient toujours disposé à renvoyer à plus tard les termes convenus. Il lui répugnait de réclamer ce qui lui était dû et, alors même que le besoin le pressait, il recourait au banquier plutôt que d'avertir ses débiteurs oublieux. Et l'oubli durait quelquefois pendant bien des années. Si la nécessité l'y obligeait, il écrivait une lettre et, après un long intervalle, une seconde ; rarement une troisième, usant dans ses lettres d'une grande politesse et faisant toutes ses excuses. Si on ne répondait pas, il concluait que son débiteur était insolvable. Quelques-uns, sans doute, pensaient comme lui ; car ils s'en allaient dans l'autre monde avant d'avoir réglé leurs comptes. Il arriva ainsi, en particulier, à une bonne dame qui aimait, avec excès peut-être, la beauté de son église et fit une commande importante qu'elle n'acquitta jamais. Il ne fallait pas dire au créancier, en ce cas et en d'autres semblables, qu'il aurait dû se faire rendre justice : il eût préféré perdre beaucoup plus encore plutôt que d'en appeler aux juges.

Mais une sympathie toute spéciale inclinait Bouriché vers les pauvres et les malheureux. Il allait à eux avec une pitié tendre et respectueuse ; il les écoutait avec une attention qui leur donnait confiance et il les secourait avec une largesse que l'on a pu dire excessive parce qu'elle paraissait dépasser ses ressources.

Je laisserai à M. Delorme à raconter cet exemple, qui montre bien quel trésor de charité M. Bouriché avait dans le cœur : « C'était pendant un hiver très rigoureux. Nous passions tous deux la nuit dans une petite chambre pendant que nous étions à l'Ecole des Beaux Arts. Notre fortune était à peu près la même. J'étais pourtant plus riche que lui, car j'avais une maigre paillasse et lui n'avait que deux planches. Il les cloua je ne sais comment de façon à faire en bas un angle aigu et à laisser en haut une large ouverture. C'était son lit. Pour l'empêcher de se renverser, il l'appuyait contre le mur, puis il s'enveloppait dans sa couverture, s'étendait dans cette sorte de cercueil et dormait comme il pouvait. Nous n'étions pas riches. Or, un matin, comme nous sortions, une pauvre femme se présenta à nous et nous fit une peinture navrante de sa misère. Bouriché, pour tout avoir, possédait dix francs ; il les donna à cette malheureuse, sans se réserver un sou. »

M. Delorme continua à me parler longuement de la charité et des autres belles vertus qu'il avait admirées dans son ami pendant son séjour à Paris. Et Mme Delorme, qui assistait à la conversation, interrompait de temps en temps pour dire et répéter : « C'était un saint ».

Tel il était dans sa jeunesse, dans sa vie d'artiste à Paris, tel il fut tous les jours jusqu'à la fin de sa vie : charitable, on pourrait dire à l'excès.

Mais lui, il s'inquiétait dans sa conscience de ne pas donner peut-être assez : « Voici, me disait-il, ce que je donne aux pauvres. Dites-moi si je remplis mon devoir. » Et il me fit la confidence de ses aumônes, non pas de toutes, car il y en a dont il ne m'a pas parlé. C'est que sa main gauche ignorait ce que donnait sa main droite. Je serai discret, moi aussi : je dirai seulement que j'admirais ses scrupules en entendant les déclarations qu'il me faisait.

Pourtant ses libéralités n'étaient pas seulement pour les pauvres ; elles allaient à tous les besoins, à toutes les œuvres qui le sollicitaient. Et parce qu'il ne pouvait satisfaire à toutes, il s'inquiétait de savoir s'il donnait assez. Oui, il donnait assez et allait bien au-delà de son devoir. Il lui était permis de s'élever au dessus de cette médiocrité voisine de la pauvreté dans laquelle il a vécu, mais il a préféré, pour l'amour de Dieu et du prochain, se contenter de très peu, plaçant plus haut ses espérances et son bonheur.

Je finirai par ce mot qu'il me dit à l'École Saint-Aubin. Voyant le peu qui lui restait, je l'avais exhorté à ne pas faire un oubli trop imprudent de lui-même. Il me répondit : « Mais j'ai encore ce qui pourra me suffire jusqu'à la fin. — Soit, lui dis-je ; mais si cela venait à vous manquer d'une manière ou d'une autre, que deviendriez-vous ? — Oh ! alors, j'aurais mon refuge chez les Petites-Sœurs des pauvres. J'y ai déjà pensé souvent. Je serais, je pense, en de bonnes conditions pour être accepté. Et on est si bien chez les Petites-Sœurs des pauvres ! »

L.-J.-C.

M. Laroche.

P.-S. — Depuis que cette notice fut composée — il y a un peu plus de trois ans [1] — la vie de M. Bouriché n'avait pas changé d'aspect extérieur. Toujours très monotone, comme beaucoup d'autres vies, elle était consacrée entièrement à la prière. Seulement, pendant les deux dernières années, comme ses yeux lui refusaient presque tout service, il fut impossible à M. Bouriché de faire une lecture quelconque. Son règlement d'ascète resta le même. Tous les jours, hiver comme été,

[1] M. Laroche n'avait pas vu M. Bouriché depuis les vacances de 1902.

il se levait à quatre heures ; il faisait sa prière, puis assistait à la messe. Souvent il entendait une seconde messe, à la cathédrale. Il rentrait chez lui, pour réciter son rosaire. Le soir, il faisait une promenade aux environs d'Angers. Mais, ses forces décroissant, ses promenades devinrent moins longues. En décembre 1905, il eut une violente attaque de congestion pulmonaire, qui inquiéta son médecin. M. le curé de Saint-Laud vint le voir, et, par précaution autant que pour le consoler, lui apporta le Saint-Viatique, qui fut reçu avec d'admirables sentiments de foi. Aux exhortations de son curé, le malade répondit humblement en demandant pardon, à haute voix, pour les scandales qu'il avait pu causer ; et, s'il ne fit pas une confession publique devant les assistants, c'est qu'on lui imposa silence. Quelques semaines plus tard, un mieux sensible lui permit de se lever et de circuler dans sa maison de la rue de Bel-Air. Pourtant il dut rester plus de deux mois sans sortir ; il supporta cette épreuve avec une grande patience. Enfin on lui permit d'aller à l'église quelques jours avant la fête de Pâques. Le mieux se maintint jusque vers le mois d'août. Alors M. Bouriché s'affaissa ; ses facultés s'amoindrirent peu à peu au point qu'il fallut établir une surveillance continuelle de nuit et de jour. Dans les dernières semaines, jusqu'à la mort qui arriva le 4 décembre 1906, il n'avait plus sa lucidité que par petits intervalles. Le 4 décembre au matin, on vint avertir M. Rouillard, son digne successeur à l'atelier, que M. Bouriché paraissait très affaibli, et que des signes extérieurs annonçaient une complication inquiétante. Le médecin, mandé en toute hâte, déclara que la situation était grave. Le prêtre, appelé presque en même temps, arriva trop tard pour donner une dernière absolution. La congestion cérébrale avait fait son œuvre en très peu d'instants.

Ainsi mourut M. Henri Bouriché, dans sa 81e année. De cet homme qui a représenté tant de fois, avec amour, le Christ, la Vierge, les Anges et les Saints, ne peut-on pas dire, avec justesse, que sa plus belle œuvre d'art fut encore sa vie chrétienne ? Il contemple aujourd'hui face à face l'Homme-Dieu dont il a essayé tant de fois de rendre l'idéale beauté.

ALEXIS CROSNIER,
prêtre.

Angers, imp. J. Siraudeau, 07-1815

www.ingramcontent.com/pod-product-compliance
Ingram Content Group UK Ltd.
Pitfield, Milton Keynes, MK11 3LW, UK
UKHW020552180726
13838UKWH00001B/187